MANUEL

GÉOGRAPHIQUE ET STATISTIQUE

DU PORTUGAL;

OÙ L'ON TROUVE

DES NOTIONS EXACTES

SUR L'ÉTENDUE, LE SOL, LE CLIMAT, LES
PRODUCTIONS ET LA POPULATION DE CE PAYS;
SUR LE CARACTÈRE ET LES MŒURS DE SES
HABITANS ; SUR LE GOUVERNEMENT, LES FINANCES,
LES FORCES DE TERRE ET DE MER ; LES
MANUFACTURES, LE COMMERCE, L'INDUSTRIE,
ET L'ÉTAT DES SCIENCES, ARTS, etc.

————

A PARIS.

Chez F. BUISSON, Libraire, rue Gilles-Cœur, n° 10.

1810.

AVERTISSEMENT.

LES 128 pages de cette Brochure se trouvent en entier dans un Ouvrage intitulé *Manuel Géographique et Statistique de l'Espagne et du Portugal*, etc. (1). L'Editeur en a fait tirer séparément des Exemplaires pour satisfaire les Personnes qui ont acquis le Tome Ier des *Campagnes des Armées françaises en Espagne et en Portugal*, lequel Tome est consacré en totalité à la *Description Statistique de l'Espagne*. Ainsi, comme on le voit, au moyen de cette Brochure et du Tome Ier des *Campagnes*, on aura la Géographie Statistique des deux Pays contigus.

L'Auteur, dans son travail, a suivi la marche tracée par celui des Campagnes :

_____

(1) Un volume in-8° de 535 pages, avec une Carte géographique coloriée de l'Espagne et du Portugal. Prix, 7 fr., pris à Paris; et 8 fr. 75 cent. *franc de port* par la poste.

il a consulté les Ouvrages les plus authen-
tiques , tels que ceux de MM. *Ebeling* ,
Antillon , *Lueder* , *Link* , *Ruder* , etc. ;
Ouvrages la plupart inconnus en France.
On y trouvera des renseignemens qu'on
chercheroit en vain dans des Livres plus
volumineux.

INTRODUCTION

A LA STATISTIQUE DU PORTUGAL.

Notice des Ouvrages Géographiques et des Voyages publiés sur le Portugal.

Les Portugais, à qui la science géographique est redevable d'un si grand nombre de découvertes dans les autres parties du monde, ont négligé la géographie de leur propre pays. Depuis les guerres contre les Maures et l'expédition faite en Afrique par Jean Ier, dit le *Bâtard*, en 1415, leur ardeur s'était portée au dehors. L'impulsion donnée à la nation par l'infant Henri, très-versé dans les mathématiques et dans l'art de la navigation, fit franchir aux marins lusitaniens les limites du monde connu, et on les vit successivement pénétrer jusqu'aux Indes; mais avant le milieu du seizième siècle, les savans ne paraissent point s'être occupés de recherches sur leur patrie.

Nous ne trouvons d'abord que quelques topographies. Le premier essai heureux dans ce genre a été fait, en 1551, par *Ch. R. de Oliveira,*

1

aumônier du roi Jean III. On a de lui une *Notice sur la capitale* du Portugal (1), qui, après l'espace de deux siècles, fut encore jugée digne d'être réimprimée et continuée jusqu'aux derniers temps.

La *Description latine de Lisbonne,* publiée peu après par le chevalier *Goes* (2), a été longtemps le seul livre où les géographes étrangers puisaient, sur la capitale de la Lusitanie; une instruction plus satisfaisante que n'offrent les dissertations postérieures de *L. M. de Vasconcellos* (3) sur le climat, etc., de cette ville.

Des recherches intéressantes, particulièrement sur l'état ancien du Portugal, ont été faites avec beaucoup de sagacité par *A. de Rezende* (4).

(1) Summario de algunas cosas ecclesiasticas e seculares na Cidade de Lisboa; por *Christovaô Rodriguez de Oliveira*. Lisboa, 1551, 4°; et Lisboa, 1755, 4°.

(2) *Damiani à Goes* (equitis Lusitani), urbis Ulyssiæ descriptio; Eboræ, 1554, 4°. Voyez aussi : De rebus Oceanicis et novo orbe Decades; Colomiæ, 1602, 8°; et Schotti Hispania illustrata, 2 t.

(3) *Luiz Menes de Vasconcellos,* do sitio de Lisboa. Lisb., 1608, 4°.

(4) *Andreæ Resendini* de Antiquitatibus Lusitaniæ libri 4, à Jacobo Mendetio *Vasconcello* recogniti et absoluti; Eboræ, 1593; 2 P., fol. *Idem*, Romæ, 1597; et Coloniæ Agrippinæ, 1600, 2 t., 8°.

Il y a lieu de présumer que c'est lui qui a inspiré à son élève Alphonse, fils de Charles Emmanuel, un goût prononcé pour les études géographiques. Cet Alphonse, étant déjà cardinal, se fit dresser une table des longitudes et latitudes de tous les plus petits endroits du Portugal, travail qui nécessairement suppose l'existence de cartes. Le savant ministre de Araujo de Azevedo nous en fait connaître un manuscrit dans la *Monatliche Correspondenz*, publiée par M. *de Zach*, 5ᵉ volume.

Parmi les productions des auteurs du 17ᵉ siècle, qui traitent de la géographie du Portugal, nous remarquons en premier lieu le Catalogue des juridictions et principaux lieux, par *Ferreira* (1). La Description du Portugal, par *Leam* ou *Leaô* (membre du tribunal d'appel à Lisbonne), imprimée après la mort de l'auteur (2), intéresse davantage sous le rapport des renseignemens historiques et statistiques qu'elle renferme.

Le Tableau de Lisbonne, composé par *Nic. de Oliveira* (3), théatin, est toujours estimé dans le

(1) *José Martins Ferreira*, Summario das comarcas no Reyno de Portugal ; Lisboa, 1609, 8°.

(2) *Duarte Nunez de Leaô*, Descripçaô do Reyno de Portugal; Lisboa, 1610, 4°. *Ibidem*, 1785, 8°.

(3) Das Grandezas de Lisboa, 1620, 4°.

1.

Portugal. Outre un précis des beautés de la capitale, on y trouve encore de bonnes notices sur le pays en général.

Toutefois, le jésuite *Antonio de Vasconcellos* (1) est le premier qui, écrivant en latin, ait mis les autres Européens à même d'étudier la géographie moderne du Portugal.

Gasp. Estaço (2), prenant Resende pour modèle, dirigea son attention principalement sur la géographie ancienne et sur les antiquités du royaume.

A la même époque, *Jean de Laet*, Hollandais, essaya une topographie statistique du Portugal considéré comme province espagnole(3). Cet aperçu fait partie des Républiques Elzéviriennes.

Après que le Portugal se fut soustrait au joug étranger, de Laet s'occupa d'une description particulière et plus détaillée de cet État (4). L'auteur a travaillé sur un mauvais plan; mais sa compilation avait le mérite de contenir les

---

(1) Descriptio Lusitaniæ, à la suite de son Anacephalæosis historica, etc. Antwerpiæ, 1621, 4°.

(2) Varias antiguedades de Portugal. Lisboa, 1625, fol.; *ibidem*, 1754, 4°.

(3) Hispania; Lugduni Batav., 1629, 16°.

(4) Portugallia; Lugd. Bat., 1641 et 1642, 16°.

premiers extraits de Resende, de Nunez de Leaô, etc., surtout de Nic. de Oliveira.

Ant. de Sousa Macedo (1) est bien plutôt panégyriste que géographe.

Nous ne connaissons des Espagnols aucun monument littéraire qu'ils aient laissé sur la géographie du Portugal, dans le temps où ce pays formait une province de leur monarchie. A la vérité, le roi Philippe IV fit remettre des matériaux pour la rédaction d'une carte à *Pedro Teixeira*, qui lui-même avait parcouru les côtes de l'empire. Mais Teixeira était Portugais, et le résultat manuscrit de ses recherches, dont on fait l'éloge, n'a pas été livré à l'impression.

Postérieurement, *Rodrigo Mendez Silva* joignit à son ouvrage sur l'Espagne (2) une description détaillée de tous les lieux remarquables du Portugal, tirée d'une infinité d'auteurs, tant anciens que modernes, qu'il cite avec exactitude. A l'instar de ses devanciers, il s'est arrêté de préférence aux antiquités.

_____

(1) Flores de Espanha, Excelencias de Portugal, etc.; Lisboa, 1631, fol. Nouv. ed. augm. Coimbra, 1737, fol.

(2) Poblacion de Espanha; Madrid, 1645, fol. Une édition avec des changemens, mais sans les citations d'auteurs, en fut publiée par Juan Ant. *de Estrada;* Madr., 1748, 3 vol. 4°, et une autre augmentée, *ibidem*, 1768, 2 vol. 4°.

La Notice sur le Portugal, par *Manoel Severim de Faria* (1), est écrite avec soin et prouve beaucoup d'érudition ; mais l'auteur y traite principalement de la politique, de l'histoire généalogique, numismatique et littéraire.

Le chevalier *Manoel de Faria e Sousa* a terminé son Europe Portugaise (2) par une description générale du royaume, faite, à la vérité, sans ordre et surchargée de hors-d'œuvres, mais qui est souvent plus détaillée et d'un jugement plus sévère que les travaux de ses prédécesseurs.

La connaissance des côtes, ports et îles du Portugal doit infiniment à *Manoel Pimentel*, cosmographe du roi, de qui nous avons un guide précieux pour les navigateurs (3), ouvrage rédigé avec grand soin, d'après les journaux des pilotes côtiers.

Parmi les écrivains étrangers qui, dans leurs ouvrages géographiques, ont parlé du Portugal,

---

(1) Noticias de Portugal; Lisboa, 1655, fol. Nouv. ed. augmentée par Jozé *Barbosa;* Lisb., 1740, fol.

(2) Europa portuguesa ; Lisboa, 1678, 3 vol. fol.

(3) Arte de Navegar e Roteiro das viagès e costas maritimas, etc. Lisboa, 1699, fol; et 1712. Des éditions augmentées en ont paru en 1746 et en 1762.

Pierre d'Avity (1) tient le premier rang. Il fournit surtout des données statistiques dont ses successeurs n'ont pas su assez profiter.

Le Portugal n'étant guère visité alors que par des spéculateurs ou commerçans, les descriptions des voyages de ce temps-là ne pouvaient contribuer beaucoup à enrichir la géographie.

Le voyage de *Martin Zeiller*, quoique traduit en hollandais et en latin, n'est qu'un fatras compilé dans le cabinet.

Le recueil aride publié par *de Monconnys* (2) ne mérite pas plus d'attention que les récits de *J. Limberg* (3), qui toutefois ont l'avantage d'être des descriptions historiques.

Le dix - huitième siècle est plus abondant, non seulement en ouvrages géographiques sur le Portugal, mais aussi en relations de voyages faits dans ce pays, et en topographies particulières.

---

(1) Le Monde, ou Description générale de ses quatre parties, avec tous ses Empires, Royaumes, etc.; édit. revue par F. Ranchin. Paris, 1635, 5 vol. fol. *Ibidem*, 1643. C'est la deuxième partie du 5ᵉ volume qui traite du Portugal.

(2) Recueil des Voyages, etc. Lyon, 1645, 4°; et Paris, 1695, 8°.

(3) *Joh. Limberg*, von Roden, Reisebeschreibung, etc. Leipzig, 1699, 12°.

Un libraire hollandais ouvrit la route par une topographie assez exacte et détaillée de la péninsule hispanique, qu'il imprima sous le titre favori de *Délices*, embellie par des plans de forteresses, par des vues de villes, etc. (1).

Bientôt son pseudonyme fut éclipsé par *Ant. Carvalho da Costa* (2). Cet ecclésiastique parcourut lui-même le pays, et avait eu occasion de puiser dans différentes archives. Il ne manquait pas de connaissances en mathématiques. Son travail, qui s'étend aussi sur l'histoire naturelle, a servi de base aux descriptions du Portugal faites postérieurement par les auteurs du pays : tous partagent avec lui une prédilection pour les affaires ecclésiastiques, qui dégénère souvent en superstition. La partie généalogique est la plus faible de l'ouvrage.

Le meilleur de ses successeurs est sans contredit *Caetano de Lima*. Ce savant théatin qui avait beaucoup voyagé, et qui avait assisté à la conclusion de la paix d'Utrecht, conçut pendant

---

(1) J. Alvarez de *Colmenar*, Délices d'Espagne et de Portugal; Leide, 1707, 5 vol. 12°; *ibidem*, 1715, 6 vol. Voyez aussi : Annales d'Espagne et de Portugal; Amsterdam, 1741, 4 vol. 4° et 8 vol. 8°. En hollandais, Leiden, 1707, fol.

(2) Corografia portugueza. Lisboa; 1706-12, 3 vol. fol.

son séjour en France le projet d'une grande géographie universelle : il n'acheva que celle de sa patrie (1), ouvrage qui, malgré ses défauts, n'a encore été surpassé par aucune production portugaise dans cette partie. De Lima donne la description des principaux endroits seulement, quoiqu'il les nomme tous ; mais il ne vous fera grâce d'aucune curiosité des églises et des couvens, sans toutefois y mêler des fables pieuses. Du reste, il s'applique à être exact, clair et précis ; des cartes et des plans facilitent l'intelligence : plusieurs renseignemens et calculs précieux sur l'état de la population, qu'il doit aux bontés du Marquez de Abrantès, président de l'académie, y sont pour la première fois présentés au public.

Quelques années après, *Ant. de Oliveira Freire* (2) rédigea un abrégé de la grande géographie de Lima, avec quelques corrections et additions prises en partie dans des ouvrages plus anciens.

Un autre Oliveira, réfugié en Hollande, y pu-

(1) Geografia historica de todos os Estados soberanos de Europa, com as mudanças que houwe nos seus Dominios, etc.; composta por D. *Luiz Caëtano de Lima*, clerigo regular, Examinator das tres Ordens militares, e Academico da Academia real da historia Portugueza. Lisboa, 1734–36, 2 tomes 4°.

(2) Descripçaô corografica de Reyno de Portugal. Lisboa, 1739 et 1755, 4°.

blia des Mémoires (1) qui contiennent quelques données sur la politique du temps, et sur la capitale en particulier.

Le Voyage superficiel d'un Français établi en Portugal, annoncé sous un titre pompeux (2), ne présente aucune instruction, même sur les endroits par où l'auteur a passé.

Ce reproche ne frappe point le Tableau du Portugal, par *J. B. de Castro* (3), prêtre de la cathédrale de Lisbonne. C'est un riche magasin de matériaux pour le publiciste aussi bien que pour le géographe qui auront assez de patience et de jugement pour trier les bonnes choses dans un grand fatras de bavardage monacal. Un Père de l'Oratoire et membre de l'académie de l'his- toire, entreprit presque en même temps un dic-

_____

(1) Mémoires de Portugal, avec la Bibliothèque Lusitane, par le *chevalier d'Oliveira.* Amsterdam, 1741, 2 vol. 8°; et à la Haye, 1743, 2 vol. 12°.

(2) Memorias historicas, geograficas, etc.; por *Pedro Norbert d'Aucourt e Padilha;* Lisboa, 1644, 8°.

(3) Mappa de Portugal, por *Jo. Bapt. de Castro.* Lisboa, 1745-1758, 5 vol. 8°. La nouvelle édition, revue par l'auteur, *ibidem,* 1762-63, est enrichie surtout d'un parallèle de Lisbonne avant et après le tremblement de terre, ainsi que d'un routier de tout le royaume.

tionnaire géographique du Portugal (1). L'auteur, en se perdant dans des détails fastidieux, s'est lui-même mis dans l'impossibilité d'avancer au-delà de la troisième lettre de l'alphabet, son ouvrage, d'ailleurs très-utile et fait avec ordre.

Quelques *topographies* particulières, savoir celles d'Evora, de Braga, de Coïmbra, de Santarem, de Cintra, de Mafra, avaient déjà paru avant les travaux plus étendus entrepris par De Castro et Cardoso. Le savant espagnol P. *Florès* a eu le mérite d'éclaircir la géographie ancienne et ecclésiastique du Portugal, par des recherches scrupuleuses insérées dans l'*Espana sagrada*, tome XIII.

Tel était l'état de la géographie de ce pays, quand *Busching* en rédigea un tableau bien supérieur à tout ce qui avait paru jusqu'alors.

Quarante ans auparavant, J. J. *Schmauss* avait écrit une *Statistique du Portugal* (2),

(1) Diccionario geografico de Portugal, etc., por *Luiz Cardoso*; Lisboa, 1747-1751, 2 vol. fol.

(2) Neuéster Staat des Kœnigreichs Portugall, und der dazu gehœrigen Lænder in und ausserhalb Europa. Halle, 1714, 2 vol. 8°. La nouvelle édition, publiée en 1759, après la mort de Schmauss, porte le nom de l'auteur : on s'y est borné simplement à continuer l'histoire du Portugal.

ouvrage considérable pour le temps, et dont l'auteur a puisé, autant que possible, dans les sources.

Avant et après Schmauss, plusieurs étrangers avaient livré leurs observations au public. L'État du Portugal, par J. *Stevens* (1), est peut-être ce qu'il y a de mieux dans le nombre de ces écrits. Ensuite vient *Ch. Brockwell*, qui avait séjourné quatre ans dans le pays, et de qui nous avons une Histoire naturelle et politique du Portugal où l'on ne trouve rien sur la matière que le titre énonce, mais de courtes et bonnes notices sur différens lieux. Nous pourrions ici citer encore le Voyage de *Brome* (2), et les Voyages en Portugal, par un anonyme (3).

La description de l'Espagne et du Portugal, par *van der Burge*, annoncée comme un voyage (4), n'est qu'une compilation rassemblée

_____

(1) Ancient and present State of Portugal; London, 1698, etc., 1705, 8°.

(2) James *Brome's* Travels through Portugal and Spain; London, 1712, 8°.

(3) Voyages faits en Espagne et en Portugal. Amsterdam, 1700.

(4) *Wilhelm van der Burge*, Nieuwe hist. geogr. Reizebeschryving van Spanje en Portugal; s'Gravenhaag, 1705, 4°; et avec un nouveau frontispice : Beschryving von Sp. en P. Amsterdam, 1728.

sans discernement; mais la *Description de Lis-bonne* (1), faite évidemment par un témoin oculaire , doit être classée parmi les bonnes sources. Elle s'étend sur le Portugal, sur ses colonies et son commerce.

Les *Mémoires pour un Voyageur* ont fait de l'éclat dans le temps (2) : on les attribue à un nommé *Merveilleux*. En cherchant à peindre surtout le caractère de la nation et l'esprit du gouvernement, il ne s'est pas toujours tenu dans les bornes de la justice; et lorsqu'il entreprend de parler de choses qu'il n'entend pas, l'histoire naturelle, par exemple, il est sujet à erreur.

Busching, dans son travail, a justement pris pour base l'ouvrage de Lima, collationné principalement avec Schmauss, le chevalier Oliveira et les Mémoires Instructifs. Chaque nouvelle édition a été l'objet de nouveaux soins, et cet infatigable géographe les a toutes enrichies d'augmentations (3). Cependant, la difficulté des

_____

(1) Description de la ville de Lisbonne ; Amsterdam , 1730, 12°.

(2) Mémoires instructifs pour un voyageur dans les divers Etats de l'Europe. Amsterdam , 1738, 2 vol. 8°.

(3) *Busching's* Neue Erdbeschreibung , dont le 2e volume traite du Portugal, a eu successivement 8 éditions ,

communications avec le Portugal l'a privé de
puiser dans plusieurs des sources que nous avons
indiquées dans *cette NOTICE*.

Vers le milieu du dix - huitième siècle, les
savans portugais montrèrent plus d'activité à
éclaircir la géographie de leur pays. Cette noble
émulation avait été excitée peut - être par les
instructions que les Espagnols publièrent, lors
de la guerre de 1762, pour faire mieux connaître à leurs concitoyens un royaume qu'on
allait conquérir. Dans cette intention, *F. M.
Niphon* (1) composa d'abord un assez faible
extrait de Lima et d'Oliveira Freire. *Pedro
Rodriguez Campomanes* (postérieurement ministre en Espagne) donna plus de soin à la rédaction de sa Notice sur le Portugal (2). C'est
un manuel très-utile pour les voyageurs et les
militaires : ils y trouvent un aperçu des provinces, des topographies exactes, et un bon
routier avec indication des distances. Disons

---

en 1754, 58, 60, 64, 69, 77, 88, sans compter les con-
trefaçons et les traductions en français, anglais, italien, etc.

(1) Descripcion de Portugal, por *Francesco Mariana
Nifo;* Madrid, 1762, 8°.

(2) Noticia geografica del Regno y caminos de Portugal.
Madrid, 1762, 8°.

encore que la partie qui concerne le Portugal, dans le 4ᵉ tome de la *Nouvelle Géographie de Jordan* (1), mérite l'estime et la reconnaissance de ceux qui aiment la concision jointe à la clarté.

Enfin, l'on sentit en Portugal le besoin de travailler à la géographie du pays. A cet effet, l'on commença par réviser, corriger et augmenter quelques ouvrages anciens les plus estimés. *Manoel de Conceiçaô* (2) ou *Conceiçam* compléta celui de C. R. de Oliveira. La nouvelle organisation ecclésiastique du royaume amena un essai de *Topographie sacro-profane* (3), où l'on trouve un état de la population de tous les lieux.

Damiaô Antonio de Lemos de Faria e Castro, auteur d'un *Aperçu chronologique sur les anciennes limites du Portugal*, a donné encore, dans son grand ouvrage sur la Politique, une nouvelle description d'Algarve. *Joh. Ant. da*

---

(1) *Josef Jordan y Frago*, geografia moderna; Madrid, 1779, 8°.

(2) Supplemento aô Summario das noticias de Lisboa, composto, etc.; Lisboa, 1755, 4°.

(3) Portugal sacro-profano, o Catalogo alfabetico de todas as Freguezias dos Reinos de Port. et Algarve; por *Paulo Diaz de Niza.* Lisboa, 1767, 3 vol. 8°.

Silva Rego, dans sa Géographie moderne (1), travailla avec une prédilection méritoire l'article qui comprend sa patrie. Un anonyme instruit rédigea une très-bonne description du Portugal (2), qui fait regretter seulement que l'auteur ait sacrifié l'état du pays et des habitans à trop de détails historiques et ecclésiastiques : c'est un vice inhérent à l'esprit de la nation et à la forme de l'instruction publique.

Quelques gens éclairés sentirent ce tort des géographes portugais. Un jurisconsulte, de Coimbra, avait même écrit un ouvrage particulier (3) pour encourager ses compatriotes à faire des voyages dans l'intérieur du pays, en leur indiquant les objets qui devaient principalement occuper leur attention. Un autre ouvrage, en forme de Dictionnaire du commerce (4), avait également pour but de fixer l'attention sur l'économie

(1) Geografia moderna. Lisboa, 1780, 8°.

(2) Descripçaô de Portugal. Autor F. M. DF. C. DC. DP. EA. Lisboa, 1788, 8°.

(3) Compendio de Observaçoes que formaô, o Plano da Viagem politica e filosofica que se deve fazer dentro da patria; pelo Doutor *José Antonio de Sà*. Lisboa, 1783, 3 vol. 8°.

(4) Arte e Diccionnario do Commercio e Economia portugueza. Lisboa, 1784, 8°.

politique et sur les productions du pays dont on pouvait tirer un meilleur usage. Mais il fallait auparavant que plusieurs voyageurs étrangers parcourussent le Portugal et publiassent les résultats de leurs observations, avant que les savans portugais ouvrissent les yeux.

Dumourier y était en 1766 : neuf ans après il publia son *État présent du Portugal* (1). L'écrit fourmille d'erreurs historiques et statistiques ; mais il intéresse le lecteur par la vivacité du style et par des jugemens libres, quelquefois justes, souvent trop superficiels. La seconde édition (2) a été faite sans que l'auteur soit retourné dans le pays. Les nombreuses corrections et additions, dues à un officier supérieur portugais, sont d'un grand intérêt pour la politique, et ce qu'il y a de mieux dans l'ouvrage, après les observations de Dumourier sur l'état militaire.

De bonnes notices détachées se trouvent dans un aperçu sur la littérature portugaise, qui sert d'introduction à une grammaire portugaise tra-

---

(1) Lausanne, 1775.

(2) E. p. d. P. Nouv. édit. revue et considérablement augmentée. Hambourg, 1797, où : OEuvres du général Dumourier, tome Ier.

duite de l'anglais par M. *de Junck* (1). On était
en droit d'attendre des observations plus géné-
rales, et surtout plus profondes et plus justes,
de la part d'un homme qui avait vu le Portugal
avec le comte de la Lippe. En général, la plupart de ces voyageurs ont eu le tort de s'être
mis en route sans avoir suffisamment acquis de
connaissances préliminaires ; ils se sont bornés
à examiner le pays par-dessus les murs de la
capitale, ou ils ont traversé tout au plus quelques provinces sur la grande route d'Espagne,
guidés par des préventions ou des préjugés na-
tionaux, et souvent sans savoir la langue du
peuple qu'ils visitaient. Delà tant de relations su-
perficielles, partiales et inexactes, soit de Français, soit d'Italiens ou Anglais ; telles que celles de
Silhouette (2), Price (3), Hervey (4), Ba-

___

(1) Nachrichten von der portugiesischen Littera-
tur, etc. Frankfurt, 1778, 8°; et :
Portugiesische Sprachlehre. Ebend., 1778.

(2) *Etienne de Silhouette* (contrôleur général des finances), Voyage de France, d'Espagne, de Portugal, etc.;
par M. S...... Paris, 1768, 4 vol. 8°.

(3) *Udal ap Rhys*, Account of the most remarquable
places and curiosities in Spain and Portugal. London,
1749 et 1760, 8°.

(4) *Christoph Hervey*, Letters from Spain, Portugal, etc.
London, 1785, 3 vol. 8°.

retti (1), Twiss (2), *Dalrymple* (3), etc. Ce dernier
cependant, en sa qualité d'officier, sait répandre
quelque intérêt sur des objets de son métier;
et tous ne sont pas toujours sans utilité pour la
connaissance des lieux qu'ils ont visités.

Les *Lettres d'un anonyme* (4) sont bien plus
instructives, surtout par rapport au commerce,
quoiqu'elles montrent trop de partialité pour
Pombal et l'Angleterre.

Arthur William Costigan (5) , officier irlan-
dais au service de l'Espagne, fournit de bons détails. Mais ses observations, en forme de lettres,
sont très diffuses, et il juge la nation sur le petit
nombre de sociétés qu'il a eu occasion de voir.

---

(1) *Giuseppe Baretti*, Lettere familiari, etc. Venezia,
1763, 3 vol. 8°; en anglais, sous le titre :

A Journey from London to Genoa, through England,
Portugal, etc. London, 1770, *in-4°*, et 4 vol. *in-8°*.

(2) *Richard Twiss*, Travels through Portugal and Spain.
London, 1775, 4°.

(3) *William Dalrymple*, Travels through Spain and
Portugal. Lond., 1777, 4°.

(4) Letters on Portugal; London, 1777, 8°; en Français : Lettres écrites du Portugal; Londres, 1781, 8°.
Elles se trouvent aussi, comme supplément, dans le Tableau de Lisbonne, par Carrère.

(5) Sketches of Society and Manners in Portugal. London, 1788, 2 vol. 8°.

2.

Les Lettres de *Southey* (1), ainsi que les Traits de *Jens Wolff* (2), sont des productions de voyageurs pressés et bornés.

Que dirons-nous de quelques Français? Les Voyages du (*soi-disant*) duc du Châtelet (3) ne sont pas à l'abri de tout blâme. Il y a des notices intéressantes sur les colonies, sur l'agriculture, le commerce, le militaire, et sur la capitale, grâces surtout aux soins de l'éditeur dont les notes valent mieux que le texte. Le médecin *Pierre Carrère*, en traçant son Tableau de Lisbonne (4), paraît avoir voulu simplement se venger des contrariétés qu'il avait éprouvées sur les bords du Tage.

Les Lettres d'un autre médecin (5), plus concises, plus géographiques et mieux raisonnées,

(1) Letters from Spain and Portugal; London, 1797, 8°; et Bristol, 1799.

(2) Sketches and Observations on a Tour through the South of Europa. London, 1803, 4°.

(3) Voyages du ci-devant duc du Châtelet en Portugal, publiés par J. Fr. *Bourgoing*; Paris, 1798, 2 vol. 8°.

(4) Voyage en Portugal, et particulièrement à Lisbonne, ou Tableau moral, civil, etc., de cette capitale. Paris, 1798, 8°.

(5) Lettres sur le Portugal, publiées par *H. Ranque*; Paris, 1801, 8°.

rectifient souvent du Châtelet, et même l'anglais
James Murphy. Ce dernier, homme de goût et
savant architecte, fait oublier tous ses compatriotes qui, par oisiveté, vont si fréquemment
renouveler, sur les lieux, connaissance avec les
vins de Portugal. Il n'a visité, à la vérité, qu'une
partie de ce pays, et s'est principalement attaché
aux objets d'architecture; mais il a rassemblé en
même temps beaucoup de renseignemens précieux pour la géographie, pris dans les écrits
portugais les plus nouveaux, ou dus à ses propres observations. Ses jugemens, consignés dans
deux ouvrages ornés de gravures utiles, et pleins
d'aperçus neufs (1), sont généralement dictés
par la raison et par la justice.

Mais il était réservé à deux Allemands pleins
d'instruction, et doués d'un esprit juste, de
parcourir les différentes provinces du royaume
dans toutes les directions; je veux parler du
comte de *Hofmannsegg* et de son compagnon
de voyage, le professeur *Link* (2). Ces savans ob-

(1) Travels in Portugal; London, 1795, 4°; et :
View of Portugal; London, 1796, 4°.
(2) *H. Fr. Link's* geologische und mineralogische Be-
merkungen auf einer Reise durch das suedwestliche
Europa, besonders Portugall. Rostock, 1801, 8°; H. Fr.
Link's Bemerkungen auf einer Reise durch Frankreich;
Spanien und vorzueglich Portugall, Kiel, 1801-1804,
3 vol. 8°.

servateurs répandent un nouveau jour sur la
géographie-physique et sur l'histoire naturelle
du Portugal : ce n'est plus une terre inconnue;
la nation est mieux appréciée ; ils ont étu-
dié, vu, jugé par eux-mêmes, et n'ont prononcé
qu'après avoir bien examiné. Outre les deux
ouvrages, dont l'un est traduit en français (1),
nous devons à M. Link des annotations intéressantes sur l'état des arts et des sciences en Portugal, ajoutées à la traduction qu'il a faite des
Remarques publiées par *Ruder*, aumônier de
la légation suédoise à Lisbonne (2). Le même
Ruder a fait paraître un *Voyage* (3) où on lit avec
plaisir des observations variées sur la capitale
et sur les mœurs.

Une Allemande, madame *E. Bernard* (4),
qui a séjourné quelque temps à Lisbonne, a
peint les mœurs de la capitale, les usages de
la bonne société, et les plus beaux sites d'Estremadure avec cette vérité et cette fraîcheur de

_____

(1) Voyage en Portugal, par MM. *Link* et *de Hoffmannsegg*. Paris, 1803-1805, 3 vol. 8°.

(2) *C. J. Ruder's* Anmærkningar ofwer Portugal ;
Stockholm, 1803.

(3) Portugisisk Resa. Stockholm, 1805-1808, 3 vol, 8°.

(4) Briefe ueber England und Portugal. Hamburg,
1802, 8°.

coloris qu'il n'appartient qu'aux femmes de donner à leurs tableaux.

Ce que les Portugais ont fait dans les derniers temps pour la géographie et la statistique de leur pays, consiste plutôt en bons mémoires détachés, qu'en ouvrages volumineux. L'*Almanach Royal*, continué depuis 1782, renferme d'utiles matériaux dont Murphy a su tirer parti en homme intelligent. Les *Mémoires de l'Académie* offrent des notices encore plus instructives sur l'histoire naturelle, sur les productions du pays, sur l'économie politique et rurale, sur les manufactures, etc. La topographie d'Oporto, par le P. *da Costa* (1), est très-complète, et une des meilleures qu'il y ait en Portugal.

L'exactitude d'un atlas général de toutes les possessions portugaises : *Mappa breve de todo o Portugal et conquistas, en 10 taboas,* imprimé à Lisbonne en 1804, pourra seulement être apprécié quand l'ordre, rétabli en Europe, aura rouvert les ports du Portugal et permettra aux savans d'examiner les manuscrits et matériaux enfouis dans les bibliothèques. En attendant, deux auteurs allemands ont encore tourné leurs

(1) Descripçaõ do Porto, por *Ag. Rebelho da Costa;* Porto, 1799, 8°.

regards vers ce malheureux pays. L'un, *C. D.* *Ebeling*, inspecteur de l'académie du commerce, à Hambourg, a livré au public, en 1808, une nouvelle édition du volume de Busching, qui concerne le Portugal. L'ouvrage est très-complet, et le résultat d'un long travail. M. Ebeling a puisé dans les sources, et nous aimons à croire qu'une partie des erreurs ou négligences qu'on pourrait lui reprocher sont la faute du correcteur. C'est le guide que nous suivons.

L'autre, *A. F. Lueder*, en nous donnant un Aperçu de l'Industrie et de la Civilisation des Portugais, Berlin, 1808, a entrepris de justifier le peuple de l'accusation de paresse et d'indolence qu'on lui suscite trop souvent. C'est un essai raisonné suivant les principes de Smith : il expose les vices de l'administration, les travers des grands, les infortunes de la nation..........

Notice *des Cartes principales publiées sur le Portugal.*

Depuis deux siècles et demi que la première carte du Portugal parut, on peut en compter un nombre assez considérable ; toutefois il n'en existe encore aucune qui soit établie sur des mesures trigonométriques et des observations astronomiques. Il serait trop long ici de les citer toutes; nous nous bornerons à en faire connaître quelques-unes.

La plus ancienne que l'on connaisse est celle de *Vernando Alvaro Seco*, gravée la première fois en 1560, à Rome, par les soins d'Aquillas Estaço (Achilles Statius). Quoique mal orientée, et primitivement sans divisions, elle était long-temps la seule dont on se servît. Ortelius, les Bleauw et J. Jansson l'insérèrent dans leurs Atlas ; J. Buchsmecker, Mercator, Hond, Mérian, etc., la copièrent; Th. Danckerts y fit quelques corrections; Fr. de Witt l'aîné la redressa et y ajouta la division en évêchés.

Au commencement du dix-septième siècle, *J. B. de Lavanha*, illustre mathématicien de son temps et archi-cosmographe du roi d'Espagne Philippe III, rédigea une nouvelle carte du Portugal, que de Castro donne pour la plus exacte relativement aux noms.

L'an 1654, *Nicolas Sanson* produisit une grande carte en deux feuilles, qu'il enrichit de plusieurs noms, et où il fit des efforts inutiles pour rectifier les limites des comarcas. Elle servit de base à la carte publiée en 1664, par *Pierre Duval*; et en 1695, *Jaillot* la réduisit en une feuille.

La carte rédigée par *Pedro Teixeira*, d'après les tables des distances dressées déjà l'an 1638 par ordre du roi Philippe IV, parut en quatre feuilles, à Madrid, 1662. Elle répète la fausse direction de la carte faite par Seco, est mal gravée et parsemée arbitrairement de montagnes; elle présente cependant un plus grand nombre de rivières et de noms. *Santos*, en annonçant une soi-disant nouvelle édition augmentée de cette carte, n'a fait que tirer l'ancienne planche, sans y marquer seulement les limites des provinces. *Allard* en a profité pour publier une nouvelle carte remplie de noms, enluminée par comarcas ou juridictions, et indiquant en outre les évêchés. L'Italien *Jac. Cantelli* a su l'emporter sur tous les précédens par la netteté du burin et par une meilleure désignation des montagnes, côtes et rivières; il a corrigé la division en comarcas, d'après Sanson, mais il a généralement péché contre l'orthographe. A la même époque, l'augustin *Placide* publia à Paris sa nouvelle carte du Portugal, qui présenta plusieurs changemens, même quelques corrections, tout en estropiant indignement les noms. Vischer l'a copiée; et Dezauche, qui, en 1792, a fait tirer de nouveau la planche, n'y a rien changé.

La guerre de succession en Espagne fit éclore une quantité de cartes du Portugal. *Schenk* et *Defer* entrèrent les premiers en lice, en 1703, l'un par une feuille bien copiée d'Allard, avec une double subdivision; et celui-ci par une carte des frontières de l'Espagne et du Portugal, qui ne vaut pas mieux que sa petite carte du Portugal publiée ensuite, et une autre en deux feuilles, représentant les branches héréditaires de Philippe V. Sa carte des frontières a paru depuis, corrigée, en 1742; mais les noms sont restés souvent inintelligibles.

La grande feuille par *Rollin*, en 1704, a quelques avantages sur la carte précédente; elle a été copiée encore en 1762, à Paris, chez Julien. *Gasp. Bailleul* entreprit en même temps avec lui une grande carte du royaume, en deux feuilles; il se servit du travail de Teixeira, sans toutefois rester simple copiste. C'est de ces deux productions qu'est né, postérieurement, un

Atlas de Portugal et d'Espagne, en quinze
feuilles. Dans la même année, *Antonio Vizar-
ron* fit graver, à Madrid, une carte dessinée par
lui. Les quatre feuilles d'Espagne, par *Ottens*,
représentent aussi le Portugal avec assez de détail. La carte de *Mortier* fait partie du *Théâtre
de la guerre en Espagne;* mais elle n'est pas
dessinée par d'Anville : elle est bien plutôt
copiée sur Sanson et Jaillot. Celui - ci publia
encore en 1713 une autre carte du Portugal,
en deux feuilles, d'après le dessin de C. Inselin.
Toutes ces productions manquent d'une base
solide, d'observations astronomiques et de me-
surages géographiques. L'académie historique
des inscriptions, ou plutôt deux de ses membres, l'ingénieur en chef et brigadier *D. Manoel de Azevedo Fontes* et le jésuite *Manoel
de Compos*, se mirent, en 1721, à corriger
le travail de Teixeira, qui, jusque-là, leur sem-
blait ce qu'il y avait de plus exact , mais
les résultats n'en ont pas été publiés ; et quelques années après, les jésuites Lapasso et Car-
bonne déterminèrent du moins les latitudes de
différens endroits. On se soucia moins des longitudes, et même ces fixations des latitudes
n'ont pas été portées dans les sept petites cartes
dont *Caet. de Lima* accompagna sa Géographie
en 1736. Campomanes et Busching ont attribué

aussi une carte de Portugal à J. B. de Castro ; mais la carte insérée dans le premier volume de sa Mappa de Portugal, a été tirée sur une vieille planche insignifiante, dont il a fait simplement gratter et changer le titre.

Vers le milieu du dernier siècle, *Robert* et son fils *Robert de Vaugondy*, produisirent de nouvelles cartes établies sur une meilleure base. Ils refondirent celle de Sanson, en profitant des corrections de Bailleul et d'observations astronomiques faites à Lisbonne. Il est à regretter qu'ils n'aient pas mis plus de soin à l'orthographe des noms. La carte gravée en 1751 a été insérée en 1756 dans leur Atlas universel. *D'Anville* les surpassa à tous égards dans sa grande carte de l'Europe, en 1754.

La guerre où le Portugal fut enveloppé à la fin de celle de sept ans, donna naissance à de nouvelles entreprises. L'an 1762 fournit à lui seul douze cartes de ce pays. Une des premières et des meilleures fut celle publiée par *Campomanes* avec sa Noticia de Portugal. Elle est calquée sur celles de Teixeira et Cantelli, divisée par juridictions, bien gravée et enluminée. C'est à cette époque que *Lopez* reproduisit les sept feuilles de Lima sous une forme agrandie et mieux gravées, sans corriger les défauts fondamentaux dans la configuration du pays. Les

fabricans parisiens, toujours alertes, l'empor-
tèrent sur tous en fécondité : Julien réimprima
la carte de Nolin, Robert de Vaugondy la
sienne; Bailleul fit de même, Le Rouge publia
un Théâtre de la guerre, Tillemont et Baudrand
un Atlas d'Espagne et de Portugal en vingt-six
feuilles; *Belin* seul a le mérite d'avoir donné
une grande feuille qui se distingue des autres
cartes françaises par quelque précision ma-
thématique : elle indique les endroits conquis
par les Espagnols, et les chefs-lieux des comarcas, toutefois sans désigner les limites, et
en altérant les noms. Malgré cette supériorité
relative, la feuille de Belin ne soutient pas la
comparaison avec la carte rédigée par *Rizzi
Zannoni*, dont l'original se trouve inséré dans
l'Atlas de *Bonne*, Paris, 1762. Zannoni y a
profité des Mémoires topographiques de Vas-
que-de-Lozuela, du Père Lacerda, et d'autres.
Sa carte est réduite sur le méridien de Paris,
d'après quelques observations astronomiques et
des opérations trigonométriques exécutées dans
le sud-ouest du royaume. C'est la première qui
représente, d'une manière topographique, les
montagnes dont elle donne les noms avec assez
d'exactitude : les marches des armées y sont
également tracées. Dans le temps que les troupes
auxiliaires anglaises étaient en Portugal, *Jefferys*

composa à Londres une grande carte de ce pays,
en 6 feuilles, qu'il prétend avoir projetée d'après
des dessins originaux reçus de Lisbonne; elle est
bien fournie de noms, mais elle ne manque pas
non plus de fautes dans la position des lieux,
et surtout dans la direction des montagnes et
des vallées.

Peu de temps après la paix, parut, en 1764,
une carte par José Agostinho *Borel*, qui pourrait bien avoir été faite dans le Portugal même.

Après un long intervalle, *Thomas Lopez* publia, en 1778, une carte entièrement nouvelle
du Portugal, en huit feuilles, qui porte les
marques d'un grand soin, mais qui cependant
cache bien des fautes sous une forme séduisante.

L'an 1778 fait époque pour les *CARTES MA-
RINES* du Portugal. Le brigadier de la marine
espagnole, *Tofino*, chargé par son gouvernement
de lever le plan des côtes de l'Espagne, obtint
de la reine du Portugal la permission d'éten-
dre les opérations sur les côtes de son royaume.
Ces travaux eurent pour résultat l'excellente
*Carta esferica desde el cabo de S. Vicente
hasta el cabo de Ortugal*, ainsi qu'une *Carte*
des Açores, insérées toutes deux dans le grand
Atlas maritimo de Espana, et qui donnèrent
enfin la figure des côtes, et conséquemment la
véritable étendue du pays.

Depuis long-temps il existait, à la vérité, des cartes hydrographiques du Portugal. S'appuyant sur de pareilles cartes qui devaient être fort rares, n'étant sans doute pas multipliées par la gravure, différens Cosmografos Mores, tels que *Saa*, *Carneiro*, etc., avaient écrit pour les pilotes et les navigateurs. Les plus anciennes cartes hollandaises de la fin du 16e siècle, celle de *Waghenaer*, par exemple, et même celle du *duc de Northumberland*, dans le *Arcano del mare*, 1646, sont trés-défectueuses. Il s'en rencontre de même dans les *Pilots* anglais et dans le vieux *Neptune français*. Ce fut seulement en 1751 que *Belin* construisit une meilleure Carte réduite des côtes d'Espagne et de Portugal, qui, corrigée depuis, fut insérée dans l'*Hydrographie française* ou le *Neptune* moderne. Les Anglais avaient encore mis au jour plusieurs cartes de cette espèce, dont une en trois feuilles, corrigée surtout d'après les observations de M. Fleurieu, faites en 1768 : elle se trouve dans le *East-India Pilot*, par *Sayer*, et dans le *New Mediterranean Pilot*. *Speer* en publia une autre en 1773, avec divers plans de ports portugais; et *Burgier* publia une carte des embouchures du Téjo. La carte des côtes portugaises, par *Rochette*, 1779, parut devoir l'emporter sur les autres ; celle de *Heater*, 1800 , s'annonça avec les mêmes prétentions : ce qu'il y a de certain, c'est qu'elles ne s'accordent pas ensemble.

La carte de *Tofino* est préférable à toutes. Un exposé qui accompagne l'Atlas maritime de l'Espagne (1) établit cette vérité d'une manière évidente et sans réplique. La Carte Marine du Portugal, publiée par le dépôt de la marine à Paris, 1798, est entièrement basée sur celle de Tofino; mais aucun des soi-disant géographes-dessinateurs n'a encore su tirer parti des grands avantages que l'usage de sa Carta esferica offre, usage qui sans doute présente des difficultés, tant que l'intérieur du pays ne sera pas levé géographiquement.

Cependant Jefferys publia à Londres, 1790, une nouvelle édition de sa grande carte, en six feuilles, où il a mis quelques corrections que commandaient les renseignemens qui lui avaient été fournis par le général Ramsford. *Sotzmann* rédigea à Berlin , en 1791 , une assez bonne

---

(1) *Derrotero de las costas de Espana* en el Oceano y Mediterraneo; dispuesto para intelligencia de las cartas de Don Vicente Tofino : 2 tomos en 4° ; Madrid , 1787 y 1789. C'est une excellente *Géographie marine* de la péninsule.

carte, d'après la dernière édition de Busching, et en consultant celles de Zannoni, Jefferys et Lopez. Parlerons-nous de l'abus révolutionnaire commis la même année à Paris, par *Basset*, marchand d'images, qui a fait au public l'espiéglerie de lui débiter, comme nouveauté, la friperie de Sanson-Jaillot?

La meilleure carte du royaume de Portugal, peut-être, qui existe jusqu'à ce jour, est due aux soins de *La Rochette*, élève de d'Anville; elle a été gravée à Londres, par Faden, 1797, et copiée à Weimar, en 1801, avec quelques additions, faites d'après les plus nouvelles observations astronomiques. De petites cartes, qui ne sont pas sans mérite, accompagnent aussi le Voyage de Link dans le Portugal, et celui de Townsend en Espagne. Une autre, dressée par *Streit*, est annoncée à l'Etablissement Industrieux de Weimar. Mais pour avoir une carte parfaite du Portugal, il faudra attendre que l'académie des sciences géographiques, fondée à Lisbonne en 1798, ait achevé ses travaux........

Pour la facilité de ceux qui, dans les circonstances actuelles, voudraient corriger une de leurs vieilles planches, nous extrairons ici, du 26ᵉ volume des Éphémérides Géographiques, un supplément aux positions du Portugal, déterminées jusqu'à ce jour.

LIEUX.	LATITUDE.			LONGITUDE DE FERRO.			AUTORITÉS.
Almada...............	38°	37′	20′	8°	32′	30″	Grandpré.
Cabo de Espichel......	38	26	0	8	33	15	Zach.
	38	25	0	8	31	55	Tofino.
Cabo de S. Maria......	36	56	34	9	45	0	Zach.
	36	57	40	9	43	55	Tofino.
Cabo da Roca.........	38	47	20	8	14	45	Zach.
	38	47	0	8	15	7	Tofino.
Cabo de S. Vicente.....	37	3	0	8	39	4	Zach.
	37	2	40	8	38	25	Tofino.
Castromarim..........	37	7	15	10	5	30	Ebeling.
Coimbra..............	40	12	29	9	15	1	Ephém. astr. de Coimbra.
	40	14	0	9	13	30	Zach.
	40	14	0	9	13	0	Triesnecker.
Islas de Barlinga (nord)	39	30	0	8	16	15	Zach.
Lagos................	37	6	0	9	0	45	Zach.
Lisboa (Observ.).......	38	42	50	8	31	18	Triesnecker.
	38	42	40	8	31	0	Eph. naut.
—(Colleg. dos Nobres)..	38	42	58	8	31	0	Villas Boas.
Minho (embouchure)...	41	55	20	8	45	15	Tofino.
Oporto...............	41	11	15	8	58	45	Zach.
Villa do Conde........	41	25	0	9	0	30	Ebeling.
Tavira...............	37	7	15	10	5	30	Ebeling.

Dans ce moment on vient de nous communiquer un ouvrage intéressant sur la péninsule hispanique, que nous nous empressons de faire connaître par quelques extraits; il a pour titre : Elementos de la Geografia astronomica natural y politica de España y Portugal; por D. *Isidoro de Antillon* (professeur d'astronomie, de géographie et d'histoire au séminaire des Nobles); Madrid, 1808, 8°, avec l'épigraphe : *Dulcis amor patriæ.* Le livre est destiné à former le troisième tome d'une géographie universelle. Sans vouloir examiner en détail le plan de l'ouvrage, nous convenons volontiers que M. Antillon est véritablement géographe.

Il traite sévèrement les cartes de Th. Lopez, qu'il

3.

accuse d'être d'une confusion inconcevable dans les positions, même par rapport aux latitudes. Néanmoins il les
regarde comme les moins mauvaises que nous ayions sur
l'intérieur de l'Espagne, et il se plaint de l'insouciance du
gouvernement espagnol : il trouve qu'on a fait davantage
en Portugal pour les opérations trigonométriques et les
observations astronomiques.

Parmi les *cartes topographiques*, il préfère la carte publiée
en 1762, sous la direction de *Campomanes*, à celles de
Teixeira, de *Cantelli*, et aux autres les plus accréditées.
Jefferys, profitant des renseignemens pris pour l'armée
anglaise dans la même année, rédigea en Angleterre une
nouvelle carte. *Antillon* prétend que c'est elle que *Lopez*
copia et augmenta en 1778, et que c'est la meilleure de
celles qu'il connaît.

Tofino ne trouve pas plus de grâce que *Lopez* devant
le tribunal de M. *Antillon*. A la vérité, notre géographe
reconnaît le mérite supérieur du général *Tofino*, et il
accorde un juste tribut d'éloges au zèle avec lequel ce
savant géomètre a travaillé dans les campagnes entreprises,
depuis 1783 jusqu'en 1787, pour la levée d'une carte des
côtes de la péninsule. L'*Atlas maritimo de Espana* lui
semble le plus complet, le mieux exécuté et le plus exact
dont aucune nation de l'Europe puisse se glorifier; cependant il y désire quelques corrections, motivées sur des
observations plus récentes et d'une autorité respectable,
qui changent différentes positions. La partie qui comprend
les côtes du Portugal surtout, lui paraît mériter peu de
confiance, à en juger d'après le rapport d'un des aides de
Tofino, où sont exposées les circonstances défavorables qui
ont gêné les opérations. Les Mémoires de l'académie de
Lisbonne font voir, par une suite d'observations, que

même la position de cette capitale, relativement au méridien de Paris, pouvait être mieux déterminée.

Antillon donne lui-même une carte de la péninsule ;
c'est dommage qu'elle soit dressée sur une échelle trop
petite. Toutes les positions de la côte, depuis Oporto jusqu'au Cabo San Vicente, y sont fixées suivant les renseignemens puisés dans des mémoires ou manuscrits
portugais, et elle présente à cet égard un grand avantage;
mais l'intérieur est plus négligé, et les montagnes y sont
jetées à l'aventure.

Pour la rédaction du texte, outre plusieurs ouvrages
connus, *Antillon* s'est servi principalement d'un *Estado
de Portugal en el ano* 1800, 3 tomes in-fol., manuscrit
conservé à la bibliothèque royale, et dont l'auteur, *Josef
Cornide*, avait parcouru le pays en 1799, par ordre et aux
frais de la cour de Madrid.

Les positions géographiques, qui constituent la base
de toute bonne carte, ne pouvant jamais être trop multipliées, nous terminerons cette notice par l'extrait d'une
table de longitudes et de latitudes que M. *Antillon* a bien
voulu dresser pour l'avancement de la science.

★ Désigne les positions déduites d'observations astronomiques.

△ Désigne les positions conclues d'opérations trigonométriques.

☉ Désigne les positions déterminées par les montres
marines.

NOMS DES LIEUX.	LATITUDE N.			LONGITUDE DE MADRID.			
Alcala de Henares.	* 40°	28'	40"	⊙ 0°	19'	46"	E
Algeciras.	* 36	8	0	* 1	43	4	O
Alhama de Murc. .	* 37	51	52	* 2	25	22	E
Almeria.	Δ 36	51	0	Δ 1	15	6	E
Andujar.	* 38	1	32	⊙ 0	16	25	O
Aranda de Douro. .	* 41	40	12	⊙ 0	2	26	E
Aranjuez.	* 40	1	54	⊙ 0	6	53	E
Arevalo.	* 41	3	57	⊙ 0	55	57	O
Astorga.	* 42	27	9	⊙ 2	26	53	O
Bailen.	* 38	6	29	⊙ 0	1	21	O
Barcelona (citadel.)	Δ 41	23	12	Δ 5	54	22	E
Benavente.	Δ 41	59	56	⊙ 1	35	20	O
Betanzos.	* 43	17	16	⊙ 4	27	15	O
Buitrago.	* 40	59	18	⊙ 0	4	0	E
Burgos.	* 42	20	59	⊙ 0	1	2	E
Cabrera (île centr.)	Δ 39	7	30	Δ 6	43	26	E
Carlota.	* 37	39	41	⊙ 1	13	27	O
Carmona.	* 37	28	1	⊙ 1	56	51	O
Carolina.	* 38	17	5	⊙ 0	5	55	E
Carpio.	* 37	56	37	⊙ 0	46	18	O
Cartagena (observ.)	* 37	35	50	* 2	42	47	E
Cavada (fabr. r.) .	* 43	20	45	⊙ 0	0	49	E
Coimbra. (obs.) . .	* 40	12	30	* 4	41	37	O
Columbrete (isla mayor.).	Δ 39	56	0	⊙ 4	23	21	E
Cordoba.	* 37	52	13	⊙ 1	2	45	O
Escorial (couvent.)	* 40	35	50	Δ 0	25	35	O
Espinosa de Monteros.	* 42	3	26	⊙ 0	9	57	E
Ezija.	* 37	31	51	⊙ 1	22	19	O
Ferrol.	* 43	29	30	* 4	29	14	O
Figueras.	Δ 43	16	1	* 6	41	15	E
Gibraltar (pointe.)	Δ 36	6	42	Δ 1	36	10	O
Gijon.	* 43	35	19	⊙ 2	1	39	O

NOMS DES LIEUX.	LATITUDE N.	LONGITUDE DE MADRID.
Isla de Leon (obs.)	✷ 36° 27' 45"	✷ 2° 28' 31" O
Lerma.	✷ 42 1 21	☉ 0 1 55 O
Lugo.	✷ 43 0 4	☉ 3 51 2 O
Luisiana.	✷ 37 31 26	☉ 1 32 30 O
Mahon.	✷ 39 52 20	△ 8 0 45 E
Madrilejos. . . .	✷ 39 27 57	☉ 0 10 15 E
Malaga (môle.). .	△ 36 43 30	☉ 0 41 54 O
Manzanares. . . .	✷ 38 59 28	☉ 0 20 24 E
Mataro (clocher.).	△ 41 32 26	△ 6 10 2 E
Medina del Campo.	✷ 41 17 8	☉ 1 9 49 O
Medina de Pomar.	✷ 42 55 41	☉ 0 12 43 E
Monjui.	△ 41 21 44	△ 5 53 7 E
Monserrat (pic.). .	△ 41 36 15	△ 5 31 48 E
Murviedro (châ- teau.).	△ 39 40 36	△ 3 24 45 E
Nestosa.	✷ 43 12 17	☉ 0 17 29 E
Ocana.	✷ 39 56 33	☉ 0 12 17 E
Oviedo.	✷ 43 21 55	☉ 2 13 14 O
Palma (cathédrale.)	✷ 39 34 4	✷ 6 21 45 E
Pamplona (pal. Vi- rey.).	✷ 42 49 57	✷ 2 2 10 E
Portugalete. . . .	✷ 43 19 49	△ 0 39 40 E
Puerto de Santa - Maria.	✷ 36 35 5	☉ 2 30 16 O
Reus.	△ 41 9 8	△ 4 50 23 E
Rosas (chât. Trin.).	△ 42 16 6	△ 6 53 21 E
San-Sebastian. . . .	✷ 43 19 39	✷ 1 41 25 E
Santona.	✷ 43 26 30	✷ 0 15 0 E
Sevilla.	✷ 37 24 26	✷ 2 6 9 O
Somosierra. . . .	✷ 41 6 56	☉ 0 6 30 E
Tarragona (cathé- drale.)	△ 41 7 6	△ 4 58 37 E
Tembleque. . . .	✷ 39 41 5	☉ 0 10 39 E
Tordesillas. . . .	✷ 41 30 12	☉ 1 18 35 O

NOMS DES LIEUX.	LATITUDE N.	LONGITUDE DE MADRID.		
Tortosa (cathédr.).	✴ 40° 48′ 46″	✴ 4°	17″ 6″	E
Trubia (fabr. r.)..	✴ 43 19 57	☉ 2	2 33	O
Valdepenas.	✴ 38 45 5	☉ 0	17 37	E
Valencia.	✴ 39 28 45	✴ 3	19 5	E
Vigo.	△ 42 14 50	☉ 5	3 54	O
Villacastin.	✴ 40 48 12	☉ 0	36 40	O
Villafranc. de Vierz.	✴ 42 36 36	☉ 3	14 54	O
Villalpando.	✴ 41 51 10	☉ 1	40 8	O
Villarta.	✴ 39 14 43	☉ 0	16 44	E
Utrera.	✴ 37 9 53	☉ 2	5 6	O
Xerez de Caballe-ros.	✴ 36 41 15	☉ 2	23 57	O

Nota. La différence de Paris à Madrid est 6° 3′ 23″.

PRÉCIS

GÉOGRAPHIQUE ET STATISTIQUE

DU PORTUGAL.

Nom du Pays.

Le nom du Portugal est dérivé, par quelques géographes-étymologistes, de *Portus Gallus* ou *Portus Gallorum;* les Français qui venaient au secours des Chrétiens contre les Arabes ayant eu leur rendez-vous sur les rives du Douro. Link, Andreas de Resende, et autres, préfèrent l'étymologie tirée de *Cala*, aujourd'hui Gaya, bourg situé à l'embouchure du Douro. Cet emplacement étant peu commode pour la navigation, les commerçans s'établirent successivement sur le rivage opposé, et appelèrent l'endroit *Portus Cale* (le port de Cala), *Portucale*, Portugal, nom qui, par la suite, devint celui du pays entier. Le hâvre fut désigné simplement par l'appellatif *o porto* (le port), et cette dénomination finit par rester à la ville même. L'abolition de l'ancien nom de *Lusitania* eut lieu sous Ferdinand-le-Grand, roi de Castille et de Léon, qui, en 1064, donna la Lusitanie et la Gallice à son troisième fils Garcie. Le plus vieux document où le nom de Portugal se trouve employé pour le domaine en général, est de 1069.

Situation, Étendue et Limites.

C'est l'État le plus occidental de l'Europe ; il est situé, à partir de la pointe du Cabo da Roca jusqu'à l'extrémité orientale de la province d'Alemtejo, entre 8° 15′ 15″, ou, suivant la Connaissance des Temps pour l'an 1808, entre 8° 9′ 24″, et 10° 5′ longitude de Ferro. Sa latitude s'étend depuis le Cabo de Santa-Maria au sud, jusqu'à l'extrémité septentrionale au-dessus de Melgaço sur le Minho, suivant Ebeling, entre 36° 56′ 34″, et 42° 7′ 30″; ce qui lui donne au plus, du nord au sud, une étendue de 75, 25 milles géographiques, et de l'est à l'ouest, 32 m. g. En réduisant cet espace sur la carte, nous trouvons au Portugal une surface d'environ 1650 milles géographiques carrés, savoir, selon qu'on y comprend ou qu'on en défalque les embouchures des fleuves et les baies, pour,

Entre - Douro
  e Minho.... 110, 08 ou 109, 08
Traz os Montes. 137, 29 — 137, 29
Beira. . . . . 461, 63 — 459, 63
Estremadura. . 366, 97 — 356, 90
Alemtéjo. . . . 481, 25 — 480, 25
Algarve. . . . . 99, 22 — 99, 22

———————————————

Total. 1656, 44 ou 1642, 37 m. géog. c.

Busching lui donne 1845 milles carrés géographiques; *Cromé* l'estime à 1711 milles carrés, et *Tozé* ne lui en accorde que 1545. *Antillon* place le Portugal entre 37° 3′, et 42° 12′ de latitude nord, et entre 3° 3′ 30″, et 5° 45′ 30″ de longitude occidentale de Madrid. Il estime les côtés E. et O. du parallélogramme que ce pays forme, à ceux de N. et S., comme 20 à 7.

Les limites du continent portugais sont : au nord et à l'est, les provinces espagnoles de Gallice, de Léon, d'Estremadure et de Séville. Ces limites ont été fixées par des pactes avec l'Espagne, rarement par la nature ou, pour mieux dire, par une partie du cours des fleuves Minho, Douro, Téjo, Guadiana, et de quelques rivières qui s'y jettent. Au sud et à l'ouest elles sont déterminées par l'Océan ; ainsi le Portugal occupe presque toute la côte occidentale de la péninsule hispanique.

Côtes, Montagnes, Aspect et Sol.

A calculer rigoureusement, le Portugal embrasse 172 lieues hor. esp. de côtes, savoir :

Entre Douro et Minho, 27 ; Beyra, 23 ; Estremadura, 60 ; Alemtejo, 19 ; Algarve, 43.

La seule province de Traz-os-Montes ne touche point à la mer. La côte, basse au nord, s'élève bientôt, et effraie l'œil par l'âpreté de son site ; dans Beira elle s'aplatit sur un sol de sable, et présente des landes marécageuses ; puis, après s'être baissée par intervalles en Estremadure, elle remonte, principalement vers les promontoires dont le Cabo do Carboeiro est le moins saillant, mais escarpé comme les autres. Au sud du Téjo, la côte plus élevée présente un aspect fort rude ; en Alemtejo elle s'incline, et la mer devient dangereuse par des écueils et par de nombreux basfonds. Après le promontoire de San-Vicente, la côte, d'abord haute et garnie de rochers, se dirige vers l'est ; puis, descendant graduellement, elle se termine, vers la frontière d'Espagne, en îles de sable, dont une forme le Cabo de Santa-Maria. Hors ces dunes, on ne trouve sur la côte du Portugal que l'île de Barlenga , avec un groupe de rochers qui l'environne.

Le Portugal est un pays couvert de montagnes qui s'élèvent partiellement à une hauteur diffé-rente , mais toutes ont une direction plus ou moins divergente vers le sud-ouest, et pa-raissent des membres dispersés d'une grande chaîne. La pente des rayons qui partent du nord-est, en longeant la lisière orientale du royaume, va en s'inclinant vers l'océan Atlantique. Plus au midi , une masse qui s'avance à travers Alemtejo , produit une double pente du sol , l'une vers la mer, l'autre vers le Guadiana. La même chose a lieu en Algarve, toutefois avec cette différence, qu'une partie du terrain seu-lement penche vers le Guadiana, tandis que la plus grande partie s'incline au sud.

On ne trouve dans le Portugal que deux plaines de quelque étendue , celle à l'embou-chure du Vouga, en Beira, et la plaine au midi du Tage, dont celle de Santarem est une con-tinuation. Mais, par la multitude de montagnes et de collines rapprochées, ce pays présente une foule de belles vallées et de coteaux rians. Toute la province d'Entre Douro e Minho n'est qu'une suite de vallons délicieux adossés à la chaîne du mont *Gerez*, d'où mille ruisseaux limpides descendent en serpentant au milieu des bois.

Sur les sommités les plus élevées on voit, dans les endroits arrosés, des forêts de bouleaux, et le cormier sur les rochers. En descendant, on arrive dans des forêts de chêne; les vallées même sont couvertes de ces arbres, assez rapprochés pour ombrager les chemins, et assez éloignés pour laisser la liberté des promenades. Ensuite paraît la région des châtaigniers, les véritables forêts de ce pays, dont les arbres, plus rapprochés, se touchent par le feuillage. Au pied des grandes chaînes on trouve les vergers. Plus bas paraissent l'arbre à liége, le kermès, et le pin maritime, puis le citronnier, et enfin l'oranger. Ce n'est que dans les endroits chauds et abrités qu'on cultive l'oranger avec succès : ces arbres montent cependant depuis les vallées les plus profondes jusqu'à la région des châtaigniers. L'olivier, plus robuste, se mêle aux bouleaux, à trois mille pieds au-dessus du niveau de la mer.

La province de Traz-os-Montes présente un aspect particulier par les amas de rochers dans les plaines ou sur les plateaux des collines et des montagnes ; elle n'est qu'une terrasse servant d'appui à la haute chaîne de montagnes qui s'étend, par la Gallice, le long des frontières du Portugal, dans la direction de l'ouest à l'est. Ce plateau s'abaisse au sud, et n'est pas dominé

par de très - hautes montagnes , quoiqu'elles
soient à un grande élévation au-dessus du niveau de la mer; il n'y a que quelques sommités
qui paraissent dispersées sans ordre. Cependant , d'après le coup d'œil que présentent ces
montagnes, depuis la *Serra de Marrao* qui forme
la limite entre les provinces d'Entre Minho-e-
Douro et Traz - os - Montes, elles semblent te-
nir le milieu entre la chaîne qui forme la frontière de la Gallice et le mont Estrella. Leur plus
grande élévation est au midi , car c'est là que
les vallées sont les plus profondes et se dirigent
du nord au sud : c'est sans doute un effet des
torrens qui, en suivant l'inclinaison du sol, se
précipitent de ce côté pour tomber dans le
Douro. Une chaîne de montagnes escarpées ,
la *Serra de Nogueira*, sépare les plaines de Bragance du reste du Portugal ; elle produit des
plantes rares.

Le Monte do *Azinhal*, à quelque distance
de Mongadouro, est aussi célèbre par la richesse
de sa végétation que la Serra de *Navalheira*.
On y voit des vignes sauvages dont les ceps
grimpent le long des arbres jusqu'à la hauteur
de cinquante pieds.

En passant le Douro , on entre dans la province de Beira : l'intérieur ressemble à Traz-os-
Montes; c'est un plateau couvert de rochers , et

qui sert de base à de très-hautes montagnes. La
plus grande montagne du Portugal, la Serra de
Estrella, regardée comme une suite de la Sierra
espagnole de Gata, occupe une partie considérable du sud-ouest de Beira. Sa sommité inac-
cessible, appelée *Cantaro Delgado*, s'élève à
7 ou 8,000 pieds au-dessus du niveau de la
mer. La principale chaîne avance de N. nord-
est vers S. sud-ouest, un espace de cinq milles
géographiques, entre le cours supérieur des rivières de Mondego et de Zézéré à qui elle donne
naissance.

Les précipices de ces montagnes présentent
de grandes difficultés aux voyageurs hardis qui
cherchent à les franchir : ce sont les Alpes du
Portugal. La pente septentrionale est plus douce ;
les montagnes s'y élèvent par degrés, et sont moins
rocailleuses : c'est pour cela qu'on l'appelle *Serra
Mansa*. La partie du sud est plus élevée, plus
rude, et se termine tout d'un coup en précipices
escarpés : aussi la nomme-t-on *Serra Brava*. La
Serra de Estrella sert, dans toute son étendue,
de pâturage aux moutons. On y fait des fromages
de brebis, et la famille royale avait coutume
d'en envoyer, tous les ans, à la cour d'Espagne,
comme une friandise. Les revers inférieurs portent en abondance tous les fruits des climats
septentrionaux, aussi recherchés dans le Por-

tugal que les oranges le sont dans le nord. La
partie occidentale de Beira est occupée par la
Serra de *Lousao*, haute montagne calcaire qu'on
voit s'élever à l'extrémité de la chaîne qui s'étend
depuis Lisbonne jusque vers Coïmbre : c'est un
réservoir de neige pour les marchands de glaces
à Lisbonne.

En pénétrant dans la province d'Estremadure,
on remarque bientôt l'influence d'un climat plus
chaud et d'un sol moins élevé. Les montagnes
de *Cintra*, au nord-ouest de Lisbonne, quoique
hautes et escarpées, offrent des sites pittoresques
où les chênes de diverses espèces, les pignons,
les citronniers. forment d'épaisses forêts. Les
plus belles herbes couvrent les roches d'une
riche végétation ; sur les hauteurs, le thym et
d'autres plantes odoriférantes répandent leurs
parfums, tandis que le dattier balance sa tête
verdoyante au-dessus des moissons. séparées par
des haies d'aloès. Le séjour de Cintra est un des
plus enchanteurs de l'Europe. Vers le *Cabo da
Roca*, ces montagnes vont toujours en s'abais-
sant, et se terminent en une plate-forme unie ,
déserte et nue, qui forme le promontoire. Les
ouragans se déchaînent tumultueusement sur
cette plaine dépouillée, et la mer, très profonde
en cet endroit, se brise avec fracas contre les

rochers. Sa pente escarpée sur la côte peut être de 6o à 8o pieds.

Plus loin vers le nord, les montagnes de *Mafra* s'étendent parallèlement à celles de Cintra, et les joignent par des pitons détachés, comme le Cabeça de Mentechique. A l'endroit où elles s'abaissent vers la côte, est situé le château de Mafra, avec un couvent immense. De la mer on aperçoit ces hauteurs, formant un vaste amphithéâtre.

En passant à la rive gauche du Tage, nous entrons dans de grandes landes qui, d'un côté, s'étendent le long du fleuve en montant jusqu'à Salvaterra; vers le sud, elles vont jusqu'aux frontières des Algarves, et vers l'est jusqu'à Beja et Evora. Du sein de cette plaine sablonneuse sort, vers l'est, la Serra d'*Arrabida*, qui s'étend directement vers l'ouest, pour former le Cabo Espichel, dont la hauteur est plus considérable que celle du Cabo da Roca avec qui il forme la baie dans laquelle se trouve l'embouchure du Tage. Au sud, ce cap est tout à fait à pic; du côté de l'est, la pente, couverte de broussailles et de rochers, est du moins praticable. Les montagnes d'Arrabida sont très-escarpées vers le nord, et couvertes, non pas de pierres compactes, mais, comme presque toutes les montagnes calcaires, de fragmens détachés qui en rendent l'accès difficile; du côté du sud, une montagne droite et escarpée s'élève à pic de la mer, et la perspective, sur la cime, offre beaucoup d'intérêt. C'est ici qu'est situé le couvent d'Arrabida, dont la chaîne de ces montagnes porte le nom. A l'extrémité vers l'est avance une montagne presque conique, où est assis le superbe couvent Palmella. On jouit sur cette hauteur d'une vue unique dans son genre. Au pied est Setuval avec son port, dans une plaine très-bien cultivée; devant soi on n'a que des montagnes nues et pierreuses. A droite, on voit Lisbonne, sa belle rivière, son port, et ses rives pittoresques; mais en se retournant, on aperçoit les déserts tristes et dépouillés d'Alemtejo.

Dans l'Alemtejo on ne voit que des rayons épars de montagnes peu hautes, qui descendent du nord au sud. La *Serra d'Ossa*, dans l'intérieur de la province, s'élève au-dessus des autres; elle est très-fertile du côté du sud, mais presque entièrement inculte et nue du côté du nord.

Une chaîne particulière de montagnes sépare le Portugal proprement dit, du royaume d'Algarve : quelques rayons et promontoires avancent encore dans l'Alemtejo, mais la direction principale est de l'ouest à l'est. La *Serra de Monchique*, qui en est le noyau, paraît au sud-ouest du royaume, près de la côte, et né

4.

cède qu'à l'Estrella en hauteur. La Serra de
Foja en forme le piton le plus élevé. Rien de
si beau que le séjour de Monchique : on rencontre ici, comme à Cintra, de l'ombre et des
sources limpides, mais on y trouve de plus belles
prairies émaillées de fleurs et entourées de châtaigniers. La Serra de *Foja* est plus facile à
gravir que le sommet des montagnes de Cintra,
et la vue, qui s'étend presque sur tout le royaume
des Algarves, est une des plus magnifiques dont
on puisse jouir. Plus à l'est, la Serra de *Cal-
deirao* s'abaisse graduellement vers le Guadiana,
et s'y termine en montagnes calcaires d'une
moindre élévation. Une autre chaîne forme
d'abord le cabo de San-Vicente, où l'on trouve
de gros blocs de basalte épars sur des collines
calcaires qui longent la mer jusqu'à Lagos; elles
rentrent dans l'intérieur du pays jusqu'à Loule,
et descendent de nouveau vers la côte, près de
Tavira, pour cesser ensuite sur les bords du
Guadiana.

Les montagnes les plus élevées du Portugal
sont de *granit :* toute la province du Minho et
la partie septentrionale de Traz-os-Montes en
sont formées; il compose en outre la Serra de
Estrella, et reparaît de nouveau près de Cintra.
Au midi du Tage, les montagnes granitiques
s'étendent, par Portalègre et Elvas, jusqu'à

Beja. Le sommet le plus élevé de ces contrées, la Serra de Foja, est un roc de granit. D'autres montagnes primitives sont rares dans ce pays; le granit, là où il est mêlé de schiste, est par couches, et passe dans celui-ci par un mélange qui ressemble au schiste micacé. La *pierre calcaire* compacte se transforme, dans Traz-os-Montes, en vrai schiste micacé. Entre cette province, on ne voit point de montagnes qui consistent en schiste micacé pur.

Une masse énorme de *grès* schisteux couvre une grande partie du pays. Quoique de couleur différente, il fait partie des montagnes primitives et contient du schiste micacé ; il couvre le granit et les espèces de pierres schisteuses. Les montagnes frontières des Algarves, toutes celles d'une hauteur moyenne dans l'Alemtejo, les montagnes du côté de Beira et de Castello Branco, et la chaîne qui accompagne le Douro , en sont formées.

La pierre *calcaire primitive* forme une suite de montagnes entre Lisbonne et Coimbre, ensuite la Serra d'Arrabida, et la chaîne de montagnes qui s'étend jusqu'aux Algarves. La pierre calcaire feuilletée se rencontre près d'Elvas , Estremoz, Cintra et Lisbonne; elle appartient cependant à la pierre primitive.

La formation du *trapp* ne passe point l'angle

près de Lisbonne et du Cabo de San-Vicente;
et l'opinion de *Humboldt*, que ce coin est une
continuation des montagnes de basalte sur les
îles Canaries, n'a rien de très-invraisemblable;
nulle part on ne rencontre des traces de volcans
brûlans ou éteints, mais il y a une quantité de
sources thermales, dont les plus chaudes sortent
du granit.

Fleuves, Lacs, Eaux Minérales, etc.

Le seul aspect du Portugal doit faire présumer que c'est un pays fort arrosé. Les grands
fleuves descendent de l'Espagne. Au nord-ouest,
c'est le *Minho*, fleuve venant de la Galice, qui,
depuis Malgaço, baigne les frontières du Portugal, et se jette, près de Caminha, dans l'océan
Atlantique. Quoique coulant paisiblement dans
un lit bas, il n'est navigable que depuis Salvaterra; et les sables amoncelés à son embouchure
n'en permettent même l'entrée qu'à de petits
bâtimens.

Le *Lima*, parallèle au Minho, mais moins
considérable, prend également sa naissance en
Galice, près de Monte Rei, et se jette, à Viana,
dans l'Océan. Il est navigable l'espace d'environ
quatre milles géographiques. Quelles que soient
les fables dont on ait orné l'histoire du *Lethé*

portugais, il est probable que ce fleuve doit son ancienne célébrité aux sites romantiques et pittoresques qu'il baigne dans son cours. Le voyageur qui foule ses rives enchanteresses est bien excusable s'il est tenté d'oublier sa propre patrie.

Le *Cavado* appartient tout entier au Portugal. Il a sa source au Gerez, et tombe dans la mer, près d'Esposende. Il ne porte des navires que l'espace d'un mille géographique.

Le *Douro*, qui entre dans le Portugal près de Miranda, est un fleuve imposant ; ses eaux rapides traversent avec violence des vallons pittoresques entre de hautes montagnes. Près de S. Joaô de Pesquiera, à seize milles géographiques au-dessus de son embouchure, des rochers, où le courant s'engouffre, interrompaient autrefois la navigation ; actuellement, par l'effet des travaux entrepris aux frais de la compagnie du Haut-Douro, le fleuve est navigable jusqu'à Torre de Moncorvo pour des barques portant soixante pipes de vin. Les rives de ce fleuve, excessivement grossi en hiver par les nombreux torrens dont il reçoit les eaux, ne sont réunies par aucun pont dans une étendue de cent douze milles géographiques. Son embouchure au-dessus d'Oporto, près de S. Joaô da Foz, présente le passage le plus dangereux.

Le *Vouga*, après avoir formé le port d'Aveiro,
reçoit les eaux de la Ria de *Ovar*, qui vient
du nord et n'est séparée de la mer que par des
dunes. Le port a dix toises de profondeur, mais
des barres de sable mouvant en rendent l'entrée
fort incommode.

L'université de Coimbra, ville située sur les
rives du *Mondego*, lui a fait donner le surnom
de *classique*. Ses sables sont mêlés d'or. Il sort
des flancs de l'Estrella, près de Guarda ; il ser-
pente majestueusement à travers la province de
Beira, et se jette dans l'Atlantique, en formant
le port de Buarcos. Dans les eaux moyennes,
il est navigable l'espace de quinze milles, et
toujours jusqu'à Coimbra.

Accordons une petite place au *Moura*, rivière souvent chantée par les poètes dont elle
inspire les vers, et qui embellit la célèbre vallée de Cintra.

Le *Téjo* est le prince des fleuves de la péninsule, et celui dont la navigation tire le plus
de parti, grâces au port de Lisbonne qui est
un des plus beaux du monde. Ses eaux troubles
inondent et fertilisent régulièrement tous les ans
les vertes plaines de Santarem et de Villa-Franca,
et donnent naissance à un nombre considérable
d'îles cultivées (lizirias). Des bateaux plats y
montent, pendant vingt milles géographiques,

jusqu'à Abrantès, et dans les eaux fortes même jusqu'à Villa-Velha. Plus haut, le cours du torrent est embarrassé de rochers et de gouffres, qu'on pourrait cependant faire disparaître à peu de frais. Le flux monte jusqu'à Santarem. Outre l'Eilla, petite rivière frontière, le Téjo reçoit du côté du nord, le Ponzul, le Laca et le rapide Zezéré. A la rive gauche s'y jettent le Sorraya et le Cunha : aucune de ces rivières secondaires n'est navigable.

Tous ces fleuves et rivières vont généralement du nord ou de l'est, dans la direction de sud-ouest.

Le *Sado* prend sa source dans l'Alemtejo, sur la pente du Monchique, et dirige sa course vers le nord-ouest : il porte des barques jusqu'à quatre lieues au-dessus d'Alcazar de Sal; toutefois ce n'est que depuis cette ville qu'il peut vraiment passer pour navigable. Dans l'intérieur de la terre on le nomme quelquefois Sadaô, mais jamais Caldaô, en dépit de tous les faiseurs de cartes. Près de Setuval il forme une baie avec un bon ancrage, par laquelle il mêle ses eaux aux flots de l'Océan. C'est sur les bords de cette baie que se trouvent les riches et grandes salines, au nombre de cinq cents, qui ont fait pénétrer le nom de Setuval jusqu'au nord le plus reculé.

Le *Guadiana* atteint la frontière du Portugal entre Badajoz et Elvas. Plus bas il avance en
Alemtejo ; ensuite, se rapprochant de l'Espagne,
il sépare l'Algarve de Sevilla, et se jette, par
deux bouches, dans le golfe de Cadix. L'embouchure occidentale, moins large, mais plus
profonde, est la plus fréquentée ; le courant
tourne entre San-Antonio de Arenillas et l'île de
Canéla, qui appartient à l'Espagne. La seconde
embouchure, qui passe près de San-Ayamonte,
est obstruée par la barre de la Higuereta, et ses
eaux vont se perdre dans la baie de Huelva.
Quoique le cours de ce fleuve s'étende à 120
milles géographiques, y compris les sinuosités,
il est navigable seulement l'espace de 10 milles
jusqu'à Mertola : car outre le phénomène de sa
prétendue disparition dans les lagunes de Rui-
dera, le Guadiana présente une autre curiosité
naturelle : c'est la cascade entre Serpa et Mertola, nommée dans le pays le *Saut du Loup*
(Salto del Lobo). Le fleuve, resserré entre des
montagnes, descend avec une extrême rapidité
pendant l'espace d'une lieue ; il rencontre des
éboulemens de rochers qui lui barrent le passage
et le forcent de se précipiter à travers un canal
si étroit, qu'on est tenté de prendre son élan
pour le franchir. Toute la masse des eaux tombe
en tumulte d'une hauteur de cinquante pieds.

Les flots, en tournoyant, ont creusé dans le roc beaucoup d'entonnoirs sphériques, et ils bouillonnent encore pendant deux lieues avec une violence qui rend impossible la navigation du fleuve.

Quoique toutes ces eaux se soient formées des lits plus ou moins profonds, elles sont ordinairement très-basses en été; les plus grands fleuves même deviennent guéables en quelques endroits; et plusieurs rivières, ainsi que les ruisseaux, se trouvent entièrement à sec. Les fortes pluies de l'hiver, au contraire, les grossissent au point de produire des inondations terribles qui enlèvent la terre des pays élevés en augmentant souvent la fertilité des terrains plats. Dans cette dernière saison, le Douro roule ses eaux avec tant d'impétuosité, qu'il bouleverse tout ce qui s'oppose à leur passage, et qu'il a toujours emporté tous les ponts qu'on a tenté d'y construire. Le Téjo, le Guadiana n'en ont laissé subsister qu'un très-petit nombre; mais les rivières sont traversées par quantité de ponts dont plusieurs datent du temps des Romains.

La seule province d'Entre-Minho-Douro tire un véritable avantage des rivières qui l'arrosent. L'ignorance des arts hydrauliques et l'insouciance du gouvernement, font abandonner les eaux, très-rapides, à leur cours naturel; les débordemens inondent librement les champs, détruisent les travaux du cultivateur , et forment des marais dont les exhalaisons délétères minent la santé des habitans. Les embouchures des fleuves et les ports s'ensablent tous les jours de plus en plus sans qu'on pense sérieusement à y porter remède, et il est à craindre qu'ils ne finissent par se fermer entièrement aux navires.

Aucun des *lacs du Portugal* n'est d'une étendue considérable. Link et Hoffmannsegg ont cherché inutilement, et personne dans le pays ne connaissait le *Lago-Alva,* que les cartes placent entre Alcacer et Grandola ; mais ils ont visité les lacs de l'Estrella. Le *Lagoa Redonda,* qui se trouve près du sommet de la montagne, et qu'on découvre tout d'un coup au milieu des rochers, surprend agréablement le voyageur par la beauté imposante du site. Ce lac est le plus petit des trois ; mais sa forme, qui est parfaitement ronde, les rochers élevés qui l'entourent, ses eaux pures et claires comme du cristal, offrent un coup d'œil intéressant. En descendant par un vallon profond, on aperçoit vers l'est une masse énorme de roches isolées , et qui ne tiennent au sommet de la montagne que par une crête très-étroite. Cette masse, groupée d'une manière aussi effrayante que majestueuse, porte

le nom significatif de *Cruche* (cantharus); l'eau
en jaillit de toutes parts, et des plantes garnis-
sent ces rocs inaccessibles aux botanistes. On
laisse le Cantharus à droite, pour arriver à la
charmante *Lagora Escura,* en passant sur des
rochers à pic. Les bords de ce lac profond et
froid, dont les eaux limpides prennent une couleur sombre du reflet des rochers et du ciel,
sont tellement escarpés qu'on n'en peut que faire
le tour. Le site pittoresque de ce lac dans des
montagnes sauvages, sa forme belle et sphérique,
ont donné lieu à bien des contes. Depuis ce lac
jusqu'à un troisième qui est le plus étendu, et
qui s'appelle *Lagoa-Longa* ou *Comprida,* on
passe sur des blocs énormes de granit. C'est le
moins beau de tous, quoiqu'il couvre la vallée dans toute sa longueur; il est d'une largeur
inégale et ses bords sont marécageux.

Ces lacs, formés par des sources et par la
fonte des neiges, se débordent souvent en hiver
et surtout au printemps. Le L. Escura décharge ses
eaux dans le L. Longa qui, avec le Redonda, se
jette dans le Rio de Alva. Sur la pente orientale
de la montagne se trouve un quatrième lac nommé
Lagoa de Pachao; il est moins élevé que les
précédens, et a la même étendue que le Lagoa
Escura; mais il est entouré, d'un côté, d'un pré

arrosé par un ruisseau. Il donne naissance au *Rio de Candieira*, torrent impétueux qu'on voit se précipiter vers Manteigas, sur le Zezéré, d'une hauteur considérable.

Le profond *Lagoa de Sapellos*, près de Chaves en Trazos-Montos, n'est vraisemblablement qu'une mine romaine submergée, et les autres lacs dans le midi de l'Estremadure n'ont rien de remarquable.

Le *Lagoa de Obidos*, au nord du Cabo Corbaeiro, est un bras de mer qui s'étend dans l'intérieur des terres entre des rochers, et qui forme différentes sinuosités pendant une lieue. Vue des collines de Caldas, cette nappe d'eau ressemble à un étang; son embouchure est souvent embarrassée par des bancs de sable, alors la baie se déborde, et on est obligé de lui ouvrir un passage.

Le Portugal est riche en *eaux thermales*, qui sont la preuve d'un embrasement souterrain.

Les bains de soufre de *Caldas da Rainha*, dans l'Estremadure, à quatre lieues de la mer, renommés surtout pour la guérison radicale de toutes les affections syphillitiques, sont très-fréquentés même par des Anglais. Leur température est depuis 26 jusqu'à 27 deg. de Réaumur.

J. Nunez *Gago* leur a consacré un Mémoire (1).
Il existe une autre brochure sur l'usage et les
abus de ces bains, par *Tavarès* (2). Ce professeur
et doyen de la faculté de médecine de Coimbre
prétend qu'il n'y a aucune importance à connaître
les élémens des eaux minérales. Malgré cet ar-
rêt médical, *W. Withering* (3) en a fait l'analyse. Indépendamment de la source qui sert à
la boisson, il s'en trouve encore trois autres qui
fournissent de l'eau pour les bains dont on se
sert en commun, de manière que souvent douze
personnes s'y trouvent ensemble. Quoiqu'on y
trouve en général peu de commodités et point
de promenades, il est de ton et de mode d'aller à Caldas après avoir passé les chaleurs à
Cintra, ce qui fait que la société est plus bril-
lante en automne qu'au printemps. Les sources
réunies font mouvoir un moulin à une petite distance de la maison des bains construite en 1747
par ordre du roi.

Les *Caldas de Gerez,* les plus salutaires du
Portugal, sont cachées dans une contrée sauvage, sur la frontière septentrionale. A peu de

---

(1) Tratado da agua de Caldas de Rainha. Lisboa,
1779, 8°.

(2) Advertencias, etc.; Lisboa, 1791, 4°.

(3) Chemical analysis of the Water at Caldas (en anglais
et en portugais). Lisboa, 1795, 4°.

distance de la ville de Chaves, dans la direction
sud-ouest, les sources chaudes jaillissent du côté
de l'est, et sortent d'un mur de granit, au pied
d'une haute montagne. Il y en a quatre, qui
portent des noms particuliers. Sur chacune d'elles
on a construit une petite maison carrée, dans
le milieu de laquelle est un enfoncement en pierre
pour que l'on puisse s'y baigner.

L'une de ces sources contient du gaz sulfu-
reux, mais en petite quantité. Les degrés de
la température varient. Il en est une sen-
siblement plus chaude que celle de Caldas da
Rainha; la chaleur ne dépasse cependant pas 40°
de Réaumur.

Ces sources, peu célèbres aujourd'hui,
étaient connues déjà du temps des Romains,
qui nommèrent la ville située dans le voisinage
Aquæ Flaviæ. On retrouve ce nom sur quelques restes d'antiquités qu'on a découvertes à
Chaves.

D'autres sources se trouvent encore à *Oeiras*,
près du fort San-Juliaô, à Cascaos et même à
Lisbonne, etc., etc.

En général, le Portugal est si riche en eaux
thermales que, selon Vasconcellos, elles sont au
nombre de deux cents; et on en rencontre plus
ici que dans aucun autre pays de l'Europe de
la même étendue. Ce qui est digne de remarque,

c'est que la plupart de ces sources, et les plus
chaudes, sortent du granit. Nous savons que le
granit forme généralement la base de toute autre espèce de pierres; elles le recouvrent toutes,
et on n'en a pas, jusqu'à présent, rencontré au-
dessous. Le foyer qui échauffe ces sources ré-
side donc dans le granit ou au-dessous de lui;
de là partent les sources les plus chaudes, qui
sont refroidies à mesure qu'elles passent par des
couches d'autres pierres. Ce n'est pas une obser-
vation rassurante pour les habitans de la terre,
que le foyer des sources thermales, des volcans
et des tremblemens de terre, soit si profond; car
les explosions doivent nécessairement produire
un effet violent et dévastateur.

Le Portugal abonde également en *eaux mi-*
nérales, dont les effets salutaires sont vantés par
les habitans, mais dont les parties constitutives
n'ont point encore été soumises à l'analyse des
chimistes. Au-delà du bourg de *Bellas,* vers
Cintra, on en trouve deux sources qui sont fer-
mées l'une et l'autre. Près d'elles on a bâti une
petite maison pour y recevoir les malades. Tout
le sol d'alentour est composé de basalte ou de
pierre calcaire; et les eaux sortent d'une espèce
de pierre sablonneuse, formée par du grès mêlé
de fragmens de minérai de fer.

On prétend que l'eau de l'une de ces sources a

5

la propriété de faire avorter, et ceux qui sont chargés de leur surveillance, ont les ordres les plus sévères pour n'en point laisser prendre.

Ce fut avec beaucoup de peine que M. Hoff-mannsegg put obtenir un verre pour en goûter. Cette eau lui paraissait contenir du vitriol ferrugineux, mais point d'oxide de fer. L'eau de l'autre source est bien moins forte; elle ne contient que de l'oxide de fer, et on la vend en bouteilles.

Sur les hauteurs opposées à Bellas, on rassemble l'eau de différentes sources dans un bâtiment construit à cet effet pour alimenter le grand aqueduc de Lisbonne.

Les autres eaux minérales les plus remarquables se trouvent à Torrès de Moncorvo, en Traz-os - Montès, à Amarante et Guimaraês, en Minho, etc. Dans les environs du dernier endroit, il y a aussi des eaux thermales d'un goût plus ou moins soufré et d'une température de 20 à 40°. On y a découvert des vestiges de bains romains, dont le parquet est en mosaïque.

Des listes de ces différentes eaux se trouvent dans les almanachs de Lisbonne et dans De Castro, Ier vol., où il y a encore des annotations sur leurs qualités, extraites d'anciens ouvrages latins de médecins portugais.

La seule *source saline* que l'on connaisse dans
le Portugal se trouve à Rio - Mayor, près de
Santarem. On en conduit l'eau dans des fossés
où la chaleur du soleil la fait évaporer. Le sel
qu'on en tire forme une branche de commerce
lucratif pour les habitans. De Castro cite une
autre source salée près de Batalha, mais dont
on ne tire aucun parti.

Climat.

Relativement au *climat*, le Portugal a été infiniment avantagé par la nature. Par sa position
dans la partie méridionale de la zone tempérée
de l'hémisphère boréal, l'air devrait y avoir une
grande intensité de chaleur ; mais la proximité
de la mer qui baigne la moitié du pays, ouvert ou incliné vers la côte, jointe à l'élévation
d'un sol montueux, tempèrent l'ardeur des
rayons du soleil : l'air qu'on y respire est favo-
rable à la santé des habitans, et les étrangers
ont peu de peine à s'acclimater. Les *vents* sont
fort réguliers en été. C'est le vent du nord qui
règne généralement ; et sur la côte, le matin,
c'est celui de l'est ; vers le soir il tourne insen-
siblement, par le sud, à l'ouest, et devient une
brise rafraîchissante.

Des pluies fréquentes rendent la saison de
l'hiver assez incommode dans les provinces du

5.

nord ; mais rien de plus beau, de plus enchan-
teur que le printemps en Portugal. Les saisons
sont bien différentes de celles des pays plus septentrionaux. Il y a pour ainsi dire un *double
printemps*. Le premier, infiniment délicieux,
commence dès le mois de février ; mais le temps
varie les mois suivans : ils sont tantôt pluvieux
et frais, tantôt secs et assez chauds. La moisson
arrive dans le mois de juin ; depuis la fin de
juillet jusqu'au commencement de septembre la
verdure des champs est brûlée, le feuillage des
arbres tombe ou se ride, toute la végétation meurt,
surtout lorsque les vents d'est règnent ; alors la
chaleur fait quelquefois monter le thermomètre
à 30° et au-delà. Le ciel est toujours pur, toujours serein dans cette saison ; mais les brises
du soir amènent communément une fraîcheur
bienfaisante. Après les premières pluies de septembre, la nature se ranime, les champs rever-
dissent et se parent de fleurs printanières, les
jeunes herbes reparaissent, les arbres bour-
geonnent, et le mois d'octobre devient ainsi un
des plus agréables de l'année. L'hiver, qui commence à la fin de novembre, consiste principalement en fortes pluies ou ondées, quelquefois
accompagnées d'ouragans, mais suivis pour la
plupart d'un temps promptement clair. Le froid
n'est jamais bien vif, et rarement jusqu'à la

glace, qui toujours fond aux premiers rayons
du soleil levant. La neige est un phénomène si
extraordinaire dans les régions basses du midi,
qu'on l'y admire comme de la *pluie blanche;*
même sur les hautes montagnes, la neige reste
rarement au-delà d'un mois.

Entre les montagnes des provinces septentrionales, le froid de l'hiver acquiert plus d'intensité et il dure davantage : la neige y est assez
commune, mais jamais les ruisseaux et les rivières ne se trouvent glacés. En général,
le froid, tout aussi bien que la chaleur, a un
caractère différent au nord du Portugal, et
même dans les contrées montueuses de Beira :
le froid y est plus permanent, l'air de l'hiver
plus humide, plus nébuleux, surtout vers la
côte; la chaleur, au contraire, est très-grande
en été, souvent presque étouffante, même dans
les vallées. Les orages sont fort rares en Portugal ; la grêle se voit encore plus rarement, et
on n'entend le tonnerre qu'en automne ou en
hiver.

Des observations météorologiques faites à Lisbonne pendant quinze années de suite, ont
donné pour résultat qu'il y avait chaque année plus de 150 jours sereins, et seulement 70
à 88 jours où il tombait environ 30 pouces
d'eau par an, l'un portant l'autre. Les vents

régnans y sont le nord-nord-ouest, parce que
les montagnes de Cintra en changent la direction ; à la fin de l'automne et au commencement
de l'hiver, c'est le vent du sud qui amène les
pluies. Le climat des côtes occidentales est le
plus salubre, surtout près de Cintra; et l'air le
plus malsain est celui qu'on respire en Alemtejo où les eaux croupissantes que la saison
pluvieuse y laisse, répandent leurs miasmes et
produisent des fièvres pernicieuses.

Les *tremblemens de terre* n'arrivent ordinairement qu'en hiver, depuis le mois d'octobre
jusqu'à celui d'avril. On a observé qu'ils n'ont
lieu qu'après les premières pluies précédées
d'une grande sécheresse. Depuis 1309 jusqu'en
1755, on en a compté quatorze secousses vio-
lentes : la ville de Lisbonne fut bouleversée deux
fois, en 1531 où le tremblement a duré pendant
huit jours; et en 1755 où la commotion avait
causé tous ses ravages au bout de sept mi-
nutes.

Productions.

Le Portugal ne profite point assez des dons
que la nature bienfaisante y a si largement ré-
pandus, surtout relativement aux productions
du règne minéral. La péninsule Hispanique
était jadis un véritable Pérou, si nous en croyons

les anciens. Du temps des Romains, on y exploi-
tait avec ardeur les métaux nobles ; et les sables
d'*or* que le Mondego , le Sabor, le Téjo supérieur, etc., charient, démontrent suffisamment
la présence de ce métal dans le sein de la
terre.

On soupçonne des filons d'or dans la montagne près de Goes en Beira , dans l'Estrella , et
près de Béja en Alemtejo.

Encore , en 1628 , des mines d'*argent* pro-
ductives étaient en activité près de Bragance
et de Montfort. La Serra de Vianna en Alemtejo ,
offre des minérais d'argent ; près de Samégo et de
Murca en Beira , on trouve du plomb sulfuré
argentifère. Traz-os-Montes renferme du *plomb ;*
on en trouve des minérais riches aux environs
de Coja en Beira. De forts filons de *cuivre* se
rencontrent dans l'Estremadure méridionale ,
ainsi que près d'Elvas , de Portalègre et dans
les montagnes d'Algarve ; on en aperçoit aussi
des traces en Traz-os-Montes. C'est le *fer* surtout qu'on pourrait exploiter avec profit : on
en trouve des minérais abondans en Estremadure , Beira , Alemtejo et Traz-os-Montes ; mais
il n'y avait long-temps qu'une seule usine en
Portugal , établie à Moz en Traz-os-Montes par
un négociant d'Oporto , et le gouvernement eut
bien de la peine à ordonner que deux anciennes

usines à Thomas et à Figuéiro - dos - Vinhos,
fussent rétablies par le brasilien Andrade, professeur à Coimbra, qui avait fait de longs voyages
dans le nord de l'Europe pour étudier la métallurgie. On trouve de la *pyrite magnétique* aux
environs de Cintra, et on extrait de l'*émeri* sur
le Haut-Doùro dans le territoire de Torre-de-
Moncorvo. On a encore tenté dernièrement
d'extraire du *vif-argent* dans le midi d'Estremadure, au pied de la Serra d'Arrabida, et on
prétend qu'il y en a sur le Haut-Douro.

Les demi-métaux ne manquent pas non plus
au Portugal, et il n'en tire pas plus de parti.
En Beira, on trouve du *bismuth* natif; Murça
donne de l'*antimoine* sulfuré, et des *pyrites
arsénicales* riches ont été découvertes dans
l'Estrella.

En fait de pierres précieuses, le Portugal n'a
que des *améthystes*. Dans le Gerez, des *hya-
cinthes*, et dans l'Estrella, des *aigue-marines* et
des *turquoises;* mais toutes se rencontrent en
petite quantité. Les *cristaux* de quartz hyalin
limpide, et de quartz hyalin enfumé, ne sont
pas rares dans les montagnes de Minho et de
Beira. Le *feldspath* est répandu dans l'Estrella
et dans le Gerez. De très-beaux *marbres* blancs
et de couleur, fournissent abondamment le
Beira, l'Estremadure et l'Alemtejo. Il y a éga-

lement dans le Portugal, une abondance de
pierres calcaires, de plâtre, d'ardoises, de
pierres à bâtir, de bonnes pierres meulières et
de pierres à fusil. Une seule mine de *houille*
brune est en activité en Beira près de Buarcos,
quoique le terrain à l'embouchure de Mondego
et d'autres endroits soient riches en bois bitu-
mineux. La *tourbe* est très-rare. Il n'y a en Portugal qu'une seule source saline qu'on fasse
valoir; mais on extrait une quantité prodigieuse
de *sel de mer* près de Setuval, sur le Téjo infé-
rieur et aux environs d'Aveiro. Le sel de Setuval
est d'un gros grain et très-âcre; mais il est pur;
il prend peu d'humidité à l'air; le poisson et les
autres denrées s'y conservent mieux que dans le
sel marin, qu'on recueille dans les autres contrées méridionales de l'Europe. Il est surpre-
nant qu'on ne cultive pas en Portugal la *soude*
qui croît naturellement autour des marais salans.
Le *vitriol* et le *soufre* pourroient être extraits
facilement des pyrites et marcassites qui se
rencontrent à différens endroits d'Estremadure.
L'*argile* glaise, employée beaucoup par les po-
tiers, s'y trouve en abondance; il y a même de
l'argile fine pour la fabrication de la porcelaine
et des creusets, ainsi que de la marne, de la
terre bolaire et de l'argile smectique : l'*ochre* et
d'autres terres coloriées ne manquent pas.

Voilà bien des trésors enfouis qu'on ignore presque dans le pays.

Les productions du règne végétal, les fruits surtout et le raisin sont mieux appréciés. La culture des grains n'était jadis pas moins répandue et productive au point qu'au treizième siècle on avait de quoi exporter des *blés*. Dès le quinzième siècle, cette culture fut négligée, et elle tomba de plus en plus à mesure que les découvertes et le commerce maritime des Portugais s'étendirent. Actuellement, le défaut de cultivateurs, le nombre excessif d'ecclésiastiques, de mendians, de domestiques et la quantité de fêtes sont devenus un surcroît de nouvelles causes qui s'opposent à toute espèce d'amélioration. L'ignorance des paysans, l'oppression et l'indigence qui les accablent, le défaut d'industrie dans les contrées les plus fertiles, qui ne saurait être attribué uniquement à l'influence du climat; l'étendue des domaines de la couronne des ordres de chevalerie et d'autres donataires, les vastes possessions du clergé, des couvens, etc., qui comprennent les trois quarts du terrain cultivable; la quantité des biens de communauté, souvent en litige ou en friche; la difficulté des communications dans l'intérieur, tout concourut à faire déchoir l'*agriculture*, qui toujours avait à lutter contre quelques obstacles provenant de

la nature du sol et du climat, et que le gouvernement n'a jamais pensé à seconder, ni en faci-
litant les moyens d'irrigation si nécessaire en
été, ni par le desséchement des marais, etc. On
prétend qu'aujourd'hui encore, près des deux
tiers du pays sont en friche; l'autre tiers n'est
point exploité convenablement. A la vérité, le
sol du Portugal n'est pas de la même bonté
partout; mais on pourrait en dire autant de tous
les pays du monde. Ce qui est certain, c'est
qu'en général il est meilleur et plus fertile que
celui de l'Espagne, et l'état prospère de la
culture dans la province de Minho, fournit une
preuve que la nature montueuse du pays n'est
pas un obstacle invincible.

Vers le milieu du dernier siècle, le Portugal,
qui d'ailleurs avait à pourvoir aux besoins du
Brésil, ne produisait pas seulement des blés
pour la consommation de six mois, et il dépen-
dait entièrement de l'Angleterre pour sa subsistance durant l'autre moitié de l'année. Encore
aujourd'hui, quoique dans les derniers temps
la culture ait gagné, il lui faut une importation
considérable de blé, et beaucoup de bon terrain
reste inculte, principalement en Alemtejo et en
Estremadure. Ce sont toutefois ces mêmes provinces qui produisent le plus de blé, et surtout
un excellent *froment*, dont l'Alemtejo fournit à

la capitale une provision de six mois. En Beira
et en Algarve, on en récolte aussi de plus en
plus.

Le *seigle* vient assez bien dans la partie supérieure du pays, mais il réussit mieux en Traz-
os-Montes. L'*orge* qui, avec le maïs, fait la
nourriture ordinaire des chevaux, des mulets et
du bétail, est cultivé de préférence en Minho
et en Alemtejo. La culture du *maïs* répandue
surtout dans la partie septentrionale du royaume,
assure la vie aux deux tiers du peuple.

Une importation soutenue qui supplée au
déficit, fait qu'il n'y a aucun exemple de famine
en Portugal. Le bas peuple ne prépare pas seulement beaucoup de pain avec du maïs ; il y
emploie quelquefois l'orge, et dans les parties
montueuses le seigle ; il se contente même de
châtaignes rôties. Quelques espèces de *millet* y
sont cultivées également , quoique en petite
quantité. La culture du *riz* est presque nulle :
elle n'a lieu que dans quelques terrains aqua-
tiques de Beira et d'Alemtejo.

La culture des *herbes potagères* s'était bornée
autrefois à un plus petit nombre d'espèces
qu'aujourd'hui. Les pommes de terre restent né-
gligées pour les batates qui sont moins substan-
tielles. Les fèves, les haricots et les pois sont
beaucoup cultivés, ainsi que les potirons , les

melons d'eau et surtout une quantité d'oignons
savoureux.

La véritable richesse du Portugal consiste
en une variété de *fruits* qu'elle produit dans la
plus grande perfection , et avec une telle abondance que leur exportation forme une branche
de commerce considérable. En traversant le
pays, on y rencontre les plus beaux vergers, principalement à l'entour des villes, qui offrent des
oranges, transplantées en 1650, de la Chine à
Lisbonne ; des citrons tant aigres que doux, des
bigarades, ainsi que des bosquets de grenadiers
et de cognassiers. Les pêches, les abricots et les
autres fruits s'y trouvent aussi en nombre considérable , mais de qualité inférieure.

Les *plus belles oranges* sont recueillies dans
la vallée de Colares en Estremadure, aux environs de Coimbra en Beira, en Alemtejo près de
Vidigueira, en Algarve vers la côte et dans la
partie méridionale de Minho. La bourgade de
Lumiar près de Lisbonne , et Condeixa près de
Coimbra produisent des *oranges* qui ne le cèdent
même pas à celles de Malte. Les *figues* sont
abondantes et très-succulentes en Algarve , où
on avance leur maturité par la caprification qui
est également en usage dans l'Archipel grec.
Les *amandes* ne sont pas d'une qualité assez
supérieure pour en faire un objet de commerce.

L'*olivier* est très-multiplié et produit beaucoup : on n'en sait tirer qu'une huile médiocre, mais le savon blanc qu'on en prépare est très-recherché. La province d'Alemtejo fournit la plus grande quantité d'huile, et la meilleure vient de l'Algarve. Les *mûriers* abondent partout; les blancs s'aperçoivent plus rarement. Leur beauté en Alemtejo et en Algarve devrait inviter à la culture de la soie qui n'en est pas moins fort négligée, et les marchands de Badajoz vendent annuellement pour plus de 100,000 crusades d'étoffes de soie avec lesquelles les paysans petits-maîtres d'Alemtejo aiment à s'habiller. En Algarve, il y a aussi des dattiers et des caroubiers en abondance, dont le fruit sert principalement à la nourriture des bestiaux. Le laurier est partout très-commun.

Les vins de Portugal sont fameux, et ils forment une branche essentielle de l'exportation. Le *vin rouge d'Oporto* est le plus connu et la boisson favorite des Anglais : c'est de Pezoda-Regoa, en Traz-os-Montes, que vient le meilleur. On en recueille aussi en Beira. La compagnie du Douro supérieur, établie en 1756 pour empêcher la falsification de ce vin, est seule chargée de sa préparation : et si elle y mêle une trop grande quantité d'eau-de-vie, c'est afin qu'il convienne mieux aux buveurs

anglais qui le payent. Il y a quelques districts
aux environs du Douro qui produisent du *vin
blanc;* mais il est d'une qualité moins bonne
que le premier. On recueille de très-bons vins,
tant rouges que blancs, en Estremadure, principalement aux environs de Lisbonne, de Torres-
Vedras, de Ourem et de Setuval. Ce dernier
endroit produit encore un excellent vin muscat,
appelé chez l'étranger Saint-Ubes; et Carcave-
los, près de Lisbonne, fournit un vin doux qui
toutefois cède le rang à celui de Madère. Algarve a de bons vins blancs; mais ceux d'Alemtejo et de Minho sont passablement mauvais. En
général, ce pays ne produit pas, à beaucoup
près, la variété des vins d'Espagne: ils sont
aussi inférieurs à ceux-ci en qualité. Il est cependant bien sûr que le Portugal pourrait en
avoir d'aussi bon ; mais indépendamment que
l'industrie et la culture sont généralement portées
à un plus haut degré de perfection en Espagne,
il paraît que les Portugais n'entendent pas l'art
de faire le vin , et qu'ils le détériorent bien plutôt par la manière dont ils s'y prennent.

La culture du *chanvre* et du *lin* , exercée de
préférence dans les provinces baignées par le
Douro, ne fournit pas la quantité nécessaire à
la consommation du pays.

L'esparte , herbe très - utile , qui sert à faire

des cordes, et qui est exportée pour le même usage en Espagne , croît beaucoup près de Sagres au Cabo San-Vicente.

Parmi les plantes qui servent à la teinture , nous pouvons citer le *sumac*, cultivé dans les provinces septentrionales, et dont les feuilles s'exportent en quantité. L'*aloès* américaine embellit les paysages du midi , et des nerfs divisés de la feuille on prépare un fil qui sert à faire des tissus fins. Le *ciste ladanifère* répand ses parfums sur toutes les montagnes de schiste et dans les landes ; il n'est employé que comme combustible , et on ne sait tirer aucun parti de la résine odoriférante qui en couvre les feuilles et les boutons.

De nombreux bosquets de romarins , d'autres arbustes et plantes aromatiques, tels que le myrte, le thym, la lavande et les fleurs de tous les fruits du midi qui y réussissent en plein air, offrent une ample nourriture aux abeilles ; le miel du Portugal est délicieux , mais le bon marché du sucre en a diminué l'usage. On néglige cette branche d'industrie sous prétexte que les abeilles sont nuisibles aux vignes , et actuellement on ne tire même plus des ruches toute la cire qui se consomme dans les églises.

Pour n'en pas dire davantage, Link et Hoffmannsegg ont rapporté du Portugal, dans leur herbier, 2104 espèces de plantes, dont plusieurs inconnues jusqu'alors, et 572 cryptogamiques. Une aussi grande multitude de plantes, recueillie dans l'espace de trois ans, est la plus forte preuve de la richesse végétale de ce pays.

Suivant les observations de M. Link, le Portugal a une *triple flore*.

La *flore du sud*, qui s'étend jusqu'aux rives du Téjo, à l'exception de quelques hautes montagnes, ressemble entièrement à la flore des côtes de la Barbarie, et elle partage peut-être bien des plantes avec l'Andalousie. Les montagnes basaltiques et calcaires, notamment en Algarve, produisent en plus grande quantité les plantes de l'Europe méridionale. Les hauteurs dont le sol n'est pas pierreux, sont parées de la plus riche végétation en plantes légumineuses, orchidées et bulbeuses.

La flore *du nord*, celle des hautes montagnes surtout où paraissent des végétaux analogues à ceux de l'Europe septentrionale, présente beaucoup de singularités. Une végétation toute particulière appartient exclusivement aux vallées ombragées et arrosées de Minho et à quelques parties de Beira ; d'autres plantes, dans des endroits plus froids de ces provinces, leur sont communes avec l'Angleterre méridionale.

La flore du milieu est un composé des deux

6

autres. C'est en vain qu'on cherche les plantes alpines : il n'y a que celles des régions inférieures des Alpes qui résistent à la chaleur de ces montagnes en été.

Ainsi que les plantes, les petits *animaux* qui s'en nourrissent, suivent la même analogie des climats. Dans les bruyères, on rencontre des insectes du nord de l'Afrique ; sur les revers de l'Estrella, des papillons du midi de la France : dans les montagnes du Portugal septentrional, on observe des scarabées du nord.

Les côtes abondent en *poissons* et en vers ; ces animaux y arrivent des mers du nord ; d'autres, de la Méditerranée, vont jusqu'aux côtes des Algarves, et même jusqu'à l'embouchure du Tage.

La variété des *amphibies* rampans n'est pas grande, par le défaut d'eaux stagnantes où la plupart déposent leurs œufs. Le petit lézard se trouve en quantité dans les jardins et les maisons ; et dans les champs, la belle espèce verte. Personne n'a peur de ces jolis animaux, mais on craint beaucoup le gecko qui se rencontre assez souvent dans les maisons, même à Lisbonne. Dans les montagnes, surtout au nord du Portugal, il y a des serpens venimeux et des vipères ; mais le reste du pays en paraît exempt. On n'y voit que quelques espèces de beaux serpens qui ne sont point dangereux.

Il n'y a pas beaucoup d'*oiseaux* dans le pays : ces animaux voyageurs ne rencontrent guère dans leur passage cette lisière de terre à l'extrémité de l'Europe.

Les loups se voient quelquefois dans les montagnes, ainsi que le chat sauvage dans les contrées désertes ; la chèvre sauvage habite encore le Gerez ; mais le gros *gibier* est détruit hors des réserves ; pour les sangliers, il n'y a point de forêts marécageuses ; les lièvres sont excessivement rares ; on trouve à la vérité des lapins, mais pas en aussi grand nombre qu'en Espagne.

Le *bétail*, quoique d'une beauté et d'une grandeur extraordinaire, n'est pas en quantité suffisante. Le Portugal ne manque pas de bons pâturages ; mais la sécheresse ordinaire de l'été qui fait périr toutes les herbes des champs, le défaut de prairies et de fenaison qui n'est guère connue que dans le Minho, et la disette de fourrages, influent désavantageusement sur l'économie rurale. L'éducation du gros bétail est la plus considérable en Beira, en Minho et au nord de l'Estremadure.

On regrette de ne pas retrouver en Portugal ces coursiers légers que la poétique antiquité a représentés comme les enfans de Zéphire : les Portugais sont persuadés que la nature du pays rend les *mulets* et les ânes d'une utilité plus gé-

6.

nérale : les montagnes de Traz-os-Montes en produisent les plus beaux.

Ils montrent la même prédilection pour les *porcs* engraissés avec des châtaignes, dont effectivement la chair est fort savoureuse. Les porcs domestiques offrent une variété particulière : ils ont les pieds courts, le dos large, dépourvu de soies, et des poils noirs clair-semés ; en un mot, ils ont quelque ressemblance avec le cochon de la Chine, seulement il leur manque le ventre pendant. Les jambons portugais sont très-estimés.

La *laine* des moutons, fort nombreux principalement en Beira, d'où les troupeaux émigrent dans l'arrière-saison pour hiverner en Alemtejo, approche en qualité celle d'Espagne ; toutefois le pays n'en produit pas encore assez pour fournir à tous les besoins des habitans. La laine la plus fine vient de l'Alemtejo ; celle de Traz-os-Montes est grossière. L'exportation est défendue, mais la contrebande sait éluder les ordres du gouvernement.

On entretient également de grands troupeaux de *chèvres*, dont le lait est employé beaucoup à la nourriture et à la fabrique de bons fromages.

La *volaille* n'est pas rare ; il y a surtout beaucoup de poules, de pigeons, et de grands troupeaux de dindons.

Toutes les eaux du pays sont riches en poissons.
Les embouchures des fleuves en fourmillent, et
plusieurs poissons de mer y remontent pour
offrir aux habitans une subsistance agréable et
peu coûteuse. Le poisson est la nourriture du
bas-peuple, et la friandise des gens de condition.

On pêche dans les fleuves et sur la côte, des
anguilles et plusieurs autres murènes, le congre,
la paille-en-cul, l'ammodyte, et une espèce particulière de morue, nommée *pescada*, qu'on
prend fréquemment sur les côtes d'Algarve. On
pêche également différentes espèces de raies,
le diable de mer, des esturgeons, l'espadon ;
quelques espèces de callyonymes qui abondent
dans le Tage ; différentes espèces de gobies, des
soles, des turbots, des languettes et des moineaux;
quantité de sparaillons, tels que des dorades,
des bogues, des pagels, des marrons, des den-
tels, des oblades, des mendoles, pagres,
saupes, etc.; plusieurs labres, des tanches de
mer, des perches dans le Tage, des aprons, des
quinze-épines, des pélamides, des maquereaux,
mais avant tout, le thon sur les côtes méridionales d'Algarve ; des surmulets-barbus ou rou-
gets, si chers aux Romains, des perlons, des
grondins, des saumons, des brochets, des ban-
doulières, des belones, des athérines, des muges.

Il y a différentes espèces de harengs, celui des mers du nord excepté, mais on trouve surtout des aloses dans le Guadiana. La pêche la plus abondante est celle des sardines, qui servent également à la nourriture du bas-peuple et des cochons. Le mendiant frotte le pain de ses enfans avec une sardine pour lui en donner le goût; du vin, du pain et des sardines, font le dîner du soldat, du manœuvre et des classes inférieures. Parmi les carpes, outre la commune, nous remarquons la chevanne, le vairon et la tanche.

Toute la côte, notamment les baies d'Aveiro et d'Obidos, offre une quantité prodigieuse de *crustacées*. On y ramasse des huîtres, des moules, des crabes ménades et pagures, des homards, des écrevisses squilles ou chevrettes; les seiches ou seppies, les colmars, etc., qui, chez les Romains, formaient un mets recherché, sont apprêtés encore aujourd'hui par les Portugais, et mangés comme une friandise.

Malgré une richesse aussi variée, les Portugais ont encore besoin d'une importation considérable de morue salée et sèche qui, les jours maigres, couvre les tables des grands comme des petits. Ce commerce se fait par les Anglais, les Américains, et par les bâtimens des États du nord. Les Anglais seuls leur apportent annuellement pour plus de six millions de ce poisson,

tandis qu'au seizième siècle les Portugais prirent
encore une part fort active à la pêche de la morue dans les eaux de Terre-Neuve.

Population.

Aucun dénombrement général et régulier des
habitans du Portugal n'a été fait jusqu'à ce jour.
Il existe, à la vérité, des états détaillés des feux,
dressés dans l'ordre des diocèses partout le
royaume, ainsi que des listes des communians.
Mais ces états, restés entre les mains des évêques,
ne sont jamais parvenus en entier à la connaissance du public ; d'ailleurs les ecclésiastiques ,
peut-être aussi les gens de guerre, ensuite les
négocians non-catholiques établis dans quelques
villes de commerce, etc., y sont généralement
omis. Des cinq millions d'habitans que l'on
comptait dans le Portugal du temps des Romains,
il en restait encore quatre lors de l'avénement du
roi Emmanuel ; mais cette population s'est bien
diminuée depuis par l'expulsion des Juifs, par
les expéditions ou conquêtes à l'étranger, par
l'établissement de nombreuses colonies dans les
autres parties du monde, par les guerres avant
et durant le joug espagnol, par la grande aug-
mentation des couvens, par la décadence de
l'agriculture et par plusieurs institutions poli-
tiques ou religieuses. De Lima donna le premier

un état de toutes les cures dans les villes, bourgs et villages de tout le royaume, avec le nombre des feux et des ames dans chaque diocèse. La note lui avait été remise comme très-exacte par le marquis d'Abrantès, directeur de l'académie royale de l'histoire portugaise. Quelqu'incomplète et même défectueuse que fût cette liste (1), que Lima lui-même ne suivait pas toujours dans son ouvrage, elle n'en était pas moins long-temps le seul guide pour déterminer la population du Portugal. Dans cette opération, on commettait encore l'erreur de prendre le nombre des communians, seuls entendus sous le mot d'*almas* (ames), pour le nombre complet de tous les individus en général. Suivant la supputation faite par *Busching*, en prenant pour base la géographie de Lima, il y avait, dans les six provinces du royaume :

3343 diocèses, 459,800 feux, 1,742,807 ames.

Windham *Beaves* (2), rectifiant la liste de Lima d'après une source qu'il n'a pas désignée, compta,

3334 diocèses, 449,750 feux et 1,832,354 ames.

---

(1) Il y manque d'abord le comarca de Barcellos, les feux du comarca d'Oporto, etc.

(2) Civil, commercial and political history of Spain and Portugal; London, 1793, 2 vol. fol.

Les géographes portugais, postérieurs à Lima, ne présentent aucune meilleure donnée.

Campomanes (1), dans un traité sur l'instruction publique, suppose déjà deux millions et demi d'habitans. A la vérité, en additionnant avec les indications fournies par Dé Lima, les non-communians au-dessous de 11 ans, dans la proportion adoptée en Portugal de 1 : 5, nous trouvons, pour l'an 1732, le nombre de 2,091,368 habitans, et, y compris le clergé, près de 2,300,000 ames, sans compter les non-catholiques.

Dumourier, dans son Etat du Portugal en l'année 1766, présenta un autre dénombrement suivant lequel il y aurait eu 2,235,000 ames.

Après des recherches difficiles, Jose Joag. *Soarres de Barros*, dans un Mémoire sur les causes de la différente population de la monarchie dans des temps différens (2), a tenté de supputer l'état de la population moderne. Son calcul est établi sur un dénombrement des feux fait en 1776, qu'il porte à 744,980; mais il y manque cinq juridictions, celles de Pinhel, de Lamego, de Thomé, de Leiria et de Setuval.

—————————————————————————

(1) Appendice à l'éducation popular; Madrid, 1777.

(2) Memorias economicas da Acad. das Sc. I.

Un dénombrement récent, entrepris à la clô-
ture du dernier siècle (1), présente :

	Comarcas ou Correiçoès.	Diocèses.	Feux ou Habitations.
Estremadure . . .	11	492	175,337
Beira	11	1,292	224,649
Entre-Minho. . .	7	1,327	181,593
Traz-os-Montes .	4	711	77,054
Alemtejo.	8	369	76,246
Algarve	3	71	25,523
	44	4,262	760,402

En multipliant, avec Barros, le nombre de
ces feux par 5, ce qui ne saurait être regardé
comme une licence, attendu que le clergé, l'armée et les non-catholiques n'y sont point compris, nous trouvons la quantité de 3,802,010 habitans.

La multiplication par 4, que Murphy, Link
et autres préfèrent pour le Portugal, produirait
toujours le nombre de 3,041,608 ames, sans
compter le clergé, etc.

Cependant le résultat de la table suivante, qui
en même temps présente le nombre des villes et
des bourgs de chaque province, approche davantage du premier calcul :

___

(1) Almanach de Lisboa , 1802.

	Habitans.	Villes.	Bourgs.
Estremadure	876,289	2	115
Beira	1,123,245	7	230
Entre-Minho (1) . .	817,167	3	24
Traz-os-Montes . .	308,984	2	59
Alemtejo	339,555	4	105
Algarve.	93,472	4	114
	3,558,712	22	647

Antillon, qui est près des sources, donne, pour la fin du dix-huitième siècle, l'état suivant de la population comparée à l'étendue des provinces :

	Habitans.	Superficie en lieues carrées dont vingt au degré.	Nombre des habitans par lieue carrée.
Estremadure. . . .	826,680	823	1,004 $\frac{1}{2}$
Beira	1,121,595	753	1,489 $\frac{1}{2}$
Entre-Minho. . . .	907,965	291 $\frac{1}{2}$	3,115
Traz-os-Montes . .	318,665	455	700
Alemtejo.	380,480	883	431
Algarve	127,615	232	550
En total.	3,683,000	3,437 $\frac{1}{2}$	1071

(1) Déjà en 1789, *Silveira* (*Voyez* Memorias economicas, I.) a donné 900,000 habitans à cette province ; Murphy et Link font de même. Barros y compte 223,495 feux et 1,117,475 habitans ; ce qui, réparti sur une surface de 109 milles géographiques carrés, offrirait, pour cette province, la population énorme de 8 à 10,000 ames par mille carré.

Cet état est dressé d'après le dénombrement qui fut fait en 1798 par ordre de la reine Marie. Antillon, pour trouver la population, a multiplié par cinq le nombre des feux ou habitations :

La superficie est calculée avec des dimensions prises sur la carte de Campomanes. Il en tire la conclusion que si toutes les provinces étaient peuplées comme celle d'Entre-Minho, qui est au Portugal comme 1 à $11\frac{4}{5}$, la population s'élèverait à 10,707,813, et excéderait ainsi celle que présente, dans le recensement de 1803, le royaume d'Espagne, dont l'étendue est à celle du Portugal, comme $4\frac{9}{25}$ à 1.

La population du Portugal, divisée par son étendue, est comme $\frac{3683000}{3437\frac{1}{2}}$, ou comme $1071\frac{2}{3}$ à 1. Celle d'Entre-Douro-e-Minho, divisée par l'étendue, est comme $\frac{907965}{291\frac{1}{2}}$, ou comme 3115 à 1. La première proportion étant à la seconde comme 1 à 3, ou approchant, il s'ensuit que la population totale du royaume est dispersée sur un espace à peu près trois fois plus grand que celui qu'elle occupe dans la province d'Entre-Douro-e-Minho.

Alemtejo, la province la moins peuplée du royaume, a une étendue qui est à celle de tout le Portugal approchant comme 1 à 4. Par conséquent, si le Portugal n'étoit proportionnellement pas plus peuplé que ne l'est Alemtejo, il n'y en auroit que 1,481,553 habitans, c'est-à-dire pas beaucoup au-delà d'un tiers de la population que le pays renferme actuellement.

La comparaison de la population du Portugal avec l'Espagne, relativement à l'étendue des deux pays, donne pour résultat ;

1° Que la population moyenne du Portugal excède celle de l'Espagne de 381 individus par lieue carrée :

2° Que la province la mieux peuplée de l'Espagne renferme 1,106 individus de moins par lieue carrée que la plus peuplée du Portugal;

3° Que la population de la province la plus dépeuplée du Portugal excède de 120 individus, par lieue carrée, celle de la province de l'Espagne la moins peuplée.

Habitans; leur caractère.

Les différens états de la nation ont entr'eux des lignes de démarcation tellement prononcées, qu'il y faut faire la plus grande attention lorsqu'il s'agit de tracer le caractère des Portugais.

La *noblesse*, malgré les créations modernes, est moins nombreuse qu'elle n'était autrefois; elle porte du sang auguste dans ses veines, étant issue, en partie, d'enfans naturels de la maison royale. Elle se divise en dignitaires (*titulados*) ou haute

noblesse, et en chevaliers (*fidalgos*) ou basse noblesse. Les premiers étaient composés, en 1805,
de 65 familles (*casas titulares*), dont il y avait
deux ducs, vingt-un marquezes, vingt-neuf
comtes, sept vicomtes et six barons (1). Ils sont
tous *grandes*, et ils placent le petit mot de *dom*
devant leurs noms de baptême, titre dont il est
défendu aux fidalgos de se servir, à moins d'a-
voir une permission expresse du roi. Les gens
de la classe bourgeoise qui obtiennent le titre
de fidalgo, sont appelés *cavalleiros fidalgos*, sans
être anoblis pour cela.

La haute noblesse n'est pas très-opulente; et 100
à 150 mille fr. de revenu passent pour une fortune
immense. Ils possèdent à la vérité de vastes terres,
sans être les seigneurs des endroits dont ils portent le titre ; mais aussi ils font beaucoup de dépense, et entretiennent un grand appareil de
domestiques, étant obligés de vivre à la cour.
Ils s'enorgueillissent beaucoup de leurs rang et
dignité, et n'admettent aucune mésalliance. Les
nobles, afin de pouvoir vivre convenablement,
touchent même des pensions provenant d'un
fonds constitué par le roi à cet effet. Ceux
qui se trouvent devenus pauvres ou infirmes au
service de la cour, sont placés dans une maison

_____

(1) Almanach de Lisboa, 1805.

de retraite à Belem où l'on pourvoit libérale-
ment à leurs besoins en les ornant du costume
de l'ordre du Christ.

Parmi la *classe bourgeoise*, les officiers et employés dans les bureaux du gouvernement, les
jurisconsultes et les médecins, ceux de la capitale surtout, se distinguent de plus en plus par
l'instruction et les lumières : les négocians ont
de tout temps fait preuve d'une sévère probité.

On ferait grand tort aux Portugais en vou-
lant juger le peuple sur les basses classes de la
capitale : on trouve, en Portugal comme ailleurs, les rebuts de la nation, des mœurs
dépravées, des vols et même des assassinats.
Dans les petites villes et à la campagne, le caractère du peuple se fait estimer par de très-
bonnes qualités. On y rencontre, principalement vers le nord, cette aimable politesse qui
distingue la nation portugaise, réunie à une
grande bonté naturelle et à l'hospitalité la plus
prévenante. Les mœurs sont pures, la modéra-
tion et la sobriété règnent partout ; rarement
l'ordre et la tranquillité sont troublés par des
excès, quoique l'ignorance et la superstition
soient l'apanage de tous. L'orgueil national nour-
rit surtout une haine prononcée contre les Espagnols, que ceux-ci rendent avec usure aux
Portugais. Du reste, le peuple des campagnes est

pauvre, soumis, malpropre, et seulement dans les provinces septentrionales très-laborieux.

L'histoire du grand Emmanuel, celle de son fils et de la révolution opérée en 1640, font voir jusqu'à quel degré la valeur, la gloire, le patriotisme et l'esprit national des Portugais puissent s'élever.

Les Portugais sont, pour la plupart, petits, gros, trapus et carrés ; ils ont rarement les traits réguliers. Les femmes, proportion gardée, sont plus belles de figure et de taille ; elles ont beaucoup de physionomie, des manières vives et des yeux beaux, expressifs, une chevelure superbe, des dents très-blanches, une belle gorge, des pieds bien faits, qualités qui, souvent réunies, forment un ensemble attrayant, et rachètent toutes les irrégularités.

Le parallèle entre les Portugais et leurs voisins n'est pas toujours en faveur de ces derniers. L'habillement même du bas peuple portugais, remarque Link, est plus propre que celui d'Espagne. Une camisole brun-foncé ou noir, et un chapeau, sont plus en usage que les vestes et les bonnets espagnols. Les femmes sont plus affables et plus confiantes que les Castillanes ; elles ont plus de ressemblance avec les Biscayennes. Leur chevelure n'est attachée qu'avec un ruban ou un mouchoir. Les manières aisées,

polies et gaies du bas peuple, préviennent plus
l'étranger qu'en Espagne; mais dès qu'on fré-
quente les personnes de distinction, on juge les
Portugais bien différemment. Ils sont tous grands
parleurs; mais les gens de condition cachent
ordinairement un cœur faux sous les dehors les
plus trompeurs. Ils sont autant au-dessous des
Espagnols de leur classe que le bas peuple du
Portugal est au-dessus de ses voisins. Le défaut
de connaissances et de goût dans les arts; un
gouvernement qui n'a jamais su tirer parti
des sentimens généreux; l'intimité habituelle
avec la nation anglaise, fière de sa supériorité;
la décadence de la littérature et des sciences
dans ce pays, voilà les causes qui, en comparaison des autres nations, mettent les nobles
portugais, à quelques exceptions près, au dernier rang de leur espèce.

Hors les Anglais il y a peu de gens des autres
nations établis dans les grandes villes de commerce. Il s'y trouve cependant quelques maisons allemandes, italiennes, et un petit nombre
de françaises. Mais la capitale renferme beaucoup de Galiciens (*Gallegos*), qui y sont comme
ouvriers ou domestiques; il y en a quantité
encore qui se rendent au Haut-Douro pour les
vendanges, aussi bien que pour la moisson en
Estremadure, et surtout en Alemtejo. On en

compte 5o,ooo dans tout le royaume. Le nombre
des nègres est assez considérable à Lisbonne,
quoique leur importation soit défendue et qu'il
n'y puisse avoir aucun esclavage.

On prétend communément qu'il y a quantité
de Juifs clandestins occupant même de grandes
places, surtout en qualité de médecins et de
jurisconsultes; mais comme ils n'ont pas été at-
teints et convaincus, nous attendrons pour pro-
noncer.

Manufactures et Fabriques.

L'infériorité du Portugal, par rapport aux
productions de l'industrie, et la dépendance des
étrangers sous laquelle il se trouve, ne sauraient
être attribuées uniquement à la nation. Ce n'est
pas le climat qui paralyse l'activité des artisans,
des manufacturiers; c'est l'encouragement et la
protection du gouvernement qui leur ont man-
qué trop long-temps.

Vers la fin du dix-septième siècle, le comte
d'Ericeira eut la noble ambition de devenir le
Colbert du Portugal, et il commençait même à
y réussir; mais il n'a pas eu de successeur. Pombal a le mérite incontestable d'avoir réveillé en
quelque sorte l'esprit d'industrie; mais des con-
ceptions fausses et les moyens violens employés
dans l'exécution, ont nui au succès de ses

vues patriotiques. Dans les derniers temps on s'est appliqué à éviter les fautes commises antérieurement, et déjà plusieurs manufactures ont prospéré.

Les *ouvriers* et *artisans* ne manquent pas; seulement leurs productions sont souvent bien au-dessous du degré de perfection auquel ont atteint les Anglais, les Français et les Allemands. En 1805 on comptait, dans la capitale, 4052 maîtres - ouvriers exerçant leur métier et tenant boutique.

Le nombre des *manufactures* a été porté dernièrement, suivant Murphy, à 203. Cependant il y en a peu qui puissent rivaliser assez heureusement avec les étrangers pour empêcher ou diminuer l'importation des objets de leur industrie. Les manufactures qui se trouvent dans l'état le plus florissant, sont celles de draps et de quelques autres étoffes de laine; celles d'étoffes de soie et de coton ; celles de toiles, de chapeaux, de verrerie et de poterie.

Les principales manufactures *en laine* sont à Covilha et Fundao, à Guimaraes, à Portalègre, à Minde et à Castello de Vide; il y en a plusieurs qui appartiennent au roi : on n'y emploie que de la laine du pays.

Les manufactures *en soie*, dont les principales sont à Lisbonne, à Bragance et en d'autres en-

7.

droits de Traz-os-Montes, à Oporto, à Beja, à Almeirim et à Mondim, occupent environ 27,000 individus.

Les manufactures *en coton* produisent de très-bonnes indiennes et autres cotonnades. Azeitaô, Alcobaça, Thomar, Torres-Novas, etc., renferment des filatures et des fabriques de coton.

Les manufactures *en toile* les plus florissantes sont en Minho-e-Douro. Celles d'Oporto fournissent beaucoup de toile de ménage et de table, même pour l'exportation au Brésil; celles de Guimaraès, d'Amarante, etc., en fournissent à l'Espagne: mais aussi elles dépensent de grandes sommes pour du lin qui leur vient de la mer Baltique. La grosse toile est tissue à Coimbra, à Braga, etc. Une manufacture assez considérable de batiste est établie à Alcobaça, et une autre a été levée par la société patriotique à Viana.

Les fabriques de *chapeaux* réussissent notamment près de Braga, à Oporto et à Lisbonne. Elles fournissent à une partie du pays et des colonies.

Parmi les *verreries* dont l'établissement vient des Anglais, nous citerons celles qui se trouvent près de Lisbonne, à Oporto, et surtout celle de Marinha-Grande.

La *poterie* et la faïence sont de bonne qualité ; mais la fabrication de la porcelaine ne réussit encore que faiblement.

Navigation et Commerce.

Depuis une cinquantaine d'années, les mesures
sages et suivies du gouvernement ont commencé
à produire des changemens dont l'effet salutaire
était de rendre la nation successivement plus
indépendante du monopole despotique des étrangers, de donner un plus grand essor à sa propre navigation et d'en faire valoir les ressources.
Mais bien des obstacles contrarient encore le
commerce dans l'intérieur et gênent les communications : il y manque absolument de bonnes
routes ; les fleuves ne sont navigables qu'un certain temps de l'année ; le canal près d'Oeiras,
que Pombal fit creuser, est le seul du pays.

Le Portugal a une quantité d'objets d'exportation, en y comprenant ce qu'il tire de ses colonies ; mais il n'y en a que très-peu qui fournissent à un commerce exclusif. Les marchan-
dises de son propre fonds sont principalement
des vins, des citrons, des oranges, des figues
et autres fruits du Midi, du sel de mer, de
l'huile, du sumac, du bois de liége et de la
laine.

L'an 1804, le Portugal a exporté :

Vin d'Oporto, 48,000 pipes, ci . . 8,400,000

Vin blanc de Lisbonne, 10,000 pi-

pes, ci. 1,000,000

Frais d'exportation et provisions, ci 1,160,000

TOTAL. 10,560,000

Laine d'Alemtejo , 1,000,000 de livres pesant.

Fruits : figues et amandes, 15 cargaisons ;

Oranges, 80 cargaisons.

Huile, 1,200 pipes, dont 500 passèrent au Brésil.

Sel de Setuval et de Lisbonne , 100,000 moyos. En 1777 c'étaient 142,083 moyos, valant, prix d'achat, 381,760 rixdales.

Pour les années de 1777 et 1778 , l'auteur du Dictionnaire de commerce, publié sous les auspices du gouvernement, calcula que, l'exportation défalquée, le Portugal perdait encore, dans son commerce en Europe et avec l'Afrique, 1492 contos de reis, sans compter ce qu'il fallait payer aux Indes orientales et à la Chine, et sans compter l'argent qui sortait par la fraude et par le commerce d'interlope.

Les objets d'importation consistent principalement en denrées, savoir : froment, seigle et

maïs ; en morue et harengs secs et salés ; en
viande salée ; en beurre et fromage ; en bestiaux
et mulets ; en graine de lin ; en planches, ma-
driers, mâts, goudron ; en argent ; en une grande
quantité de fer et d'acier ; en plomb, étain,
cuivre, et en houille.

Le Portugal, pour l'usage de ses fabriques,
tire de l'étranger du lin et du chanvre, de la
soie, un peu de laine, ainsi que de la cire.

Les produits des manufactures et des fabriques
étrangères, et surtout de celles des Anglais,
dont le Portugal ne peut se passer, tant pour ses
propres besoins que pour la réexportation dans
ses colonies, sont encore plus variés et plus
nombreux. Ils consistent principalement en draps
fins d'Angleterre et autres étoffes de laine, en
mousselines et autres cotonnades qui entrent
par contrebande, en un bon nombre de toiles
que l'Allemagne fournit, en papiers, en toile
à voiles, en cordages, en bas de soie noire,
en cuirs de Russie et autres, en bougies de
cire, en montres, en une prodigieuse quantité
de quincaillerie anglaise, même en clous, en
fine poterie de terre anglaise, en cristal, en
glaces, miroirs, etc., etc.

La table ci-après donne la balance du commerce de l'Angleterre avec le Portugal, y compris Madère, de dix en dix ans.

	Exportation.	Importation.	Balance en faveur de l'Angleterre.
Depuis 1701 jusqu'à 1710	243,960 l. st.	646,775 l. st.	402,675 l. st.
——— 1751 ——— 1760	267,665	1,223,262	955,606
——— 1761 ——— 1770	539,906	805,728	465,822
——— 1771 ——— 1780	375,485	600,019	224,534
Total.........	1,061,966	1,184,592	122,626 l. st.

En 1799 il fut exporté

	l. st.	Il fut importé	l. st.	Balance en faveur de l'Angleterre.
du Portugal en Angleterre	910,831	de l'Angleterre en Portugal	1,065,666	
——— en Ecosse	136,222	de l'Ecosse	7,744	
de Madère en Angleterre	14,913	de l'Angleterre à Madère	111,182	
Total.........	1,061,966	Total.........	1,184,592	122,626 l. st.

En 1800 il fut envoyé

	l. st.		l. st.	Balance en faveur de l'Angleterre.
du Portugal en Angleterre	862,343	de l'Angleterre en Portugal	1,008,036	
——— en Ecosse	54,504	de l'Ecosse	3,857	
de Madère en Angleterre	14,410	de l'Angleterre à Madère	187,097	
Total.........	931,257	Total.........	1,198,985	267,728 l. st.

De ce commerce il revient à Lisbonne, pour
sa part, plus de deux tiers de l'importation, et
seulement un tiers de l'exportation ; la ville de
Setuval aussi importe bien plus de l'Angleterre
qu'elle n'y expédie. Les expéditions d'Oporto
au contraire excèdent la valeur des retours ; la
province d'Algarve se trouve dans le même rapport avantageux vis-à-vis de l'étranger.

On a pu voir qu'avec l'accroissement du commerce la balance penchait successivement moins
en faveur de l'Angleterre. Le réveil du Portugal
peut se juger par l'état actuel de sa navigation.
Autrefois les Anglais seuls l'exerçaient ; actuellement la moitié des bâtimens qui trafiquent
avec l'Angleterre appartient aux Portugais, et
ce sont eux presque exclusivement qui font le
commerce avec l'Irlande. Les Anglais ont vu de
même échapper de leurs mains une partie considérable des profits qu'ils faisaient sur le fret
de Lisbonne dans la Méditerranée, dont les nations du nord se chargent à meilleur compte.

Le commerce maritime du Portugal avec les
autres nations européennes se fait presque entièrement avec des bâtimens étrangers ; cependant,
dant, 100 à 150 navires portugais vont tous les
ans à Cadix. Pour aller à Malaga et à Barcelone,
on se sert davantage de bâtimens danois, etc. :
ailleurs, le commerce avec l'Espagne ne sau-

rait être d'une grande importance, les deux nations ayant les mêmes besoins, et offrant à peu près les mêmes productions en échange.

Déjà le commerce de la France avec le Portugal allait toujours en croissant avant les guerres de la révolution, et le gouvernement portugais le favorisait même en diminuant les octrois. Les objets que la France y importait consistaient notamment en productions de ses manufactures, en papier, toile, batiste, draps, en rubans et autres étoffes de soie, en cuirs, miroirs, livres, en modes et nouveautés, en quincaillerie, montres, etc.; de plus, en blé, légumes secs, farine et beurre. Elle en tirait des denrées coloniales, des épices, du cacao, du coton, du bois de teinture, du tabac de Brésil, des fruits du midi, de l'huile, des vins de liqueur.

Contrebande à part, la balance était beaucoup en faveur du Portugal; car il vendait, suivant Arnould et Peuchet, pour la valeur de 10,468,000 livres tournois, et il ne prenait de la France que pour 5,995,000 livres tournois.

Gouvernement.

Le gouvernement a un pouvoir despotique; seulement pour déterminer la succession, il faut le consentement des *états généraux*, composés du clergé, de la haute noblesse et du tiers-état.

Le clergé y est représenté par les archevêques et les évêques ; la haute noblesse est composée de ducs, de marquezes, de comtes, de vicomtes et de barons ; les procureurs des villes et des bourgs occupent la place du tiers-état, qui comprend aussi la noblesse commune et les maîtrises des ordres chevaleresques. Ces états ne se rassemblént que lorsque le roi convoque une diète générale qui prend le nom de *cortes;* mais depuis 1697 il n'y en avait plus, et la convention des trois états (*junta dos tres estados*) est ordonnée par le roi de qui seul elle dépend, et n'a plus que des membres nobles.

Le conseil d'État (*conselho de estado*) forme le premier corps du royaume. On y examine les affaires les plus importantes du gouvernement, et toutes les nominations aux grandes places. Les présentations de tous les archevêques et évêques, des vice-rois, des capitaines généraux et des gouverneurs des provinces, y ont lieu. On y délibère sur la guerre et sur la paix, sur les envois d'ambassades, sur les alliances, etc.

Le nombre des membres est indéterminé. Le patriarche et quelques-uns des premiers officiers de la cour, avec les secrétaires-ministres d'État, y ont siége.

Le conseil de guerre (*conselho de guerra*) a été institué en 1640 par le roi Jean IV. Toutes

les affaires relatives à la guerre sont de son ressort : il donne son avis sur toutes les places militaires, depuis celle de simple capitaine jusqu'à
celle de capitaine général des armées, et il leur
expédie les ordres par le secrétariat de la guerre ;
il nomme aux places depuis celle de sergent
jusqu'à celle de capitaine exclusivement ; il a
l'inspection sur les forteresses, les arsenaux, le
logement des soldats, les hôpitaux militaires,
l'artillerie, etc.

Le conseil de guerre est formé par huit généraux, et selon les circonstances, il délibère
conjointement avec le conseil d'État.

La reine Marie lui a adjoint un conseil particulier de justice composé de cinq membres, dont
la juridiction s'étend sur les militaires.

Le conseil du palais (*mesa do desembargo
do paço*) est le tribunal suprême du royaume ;
tous les autres tribunaux et juges lui sont su-
bordonnés, et l'on peut y appeler dans toutes
les affaires importantes. Il nomme tous les ma-
gistrats ; il décide les contestations entre les tribunaux ecclésiastiques et séculiers ; il examine
les brevets des nonces ; il expédie toutes les lois,
ordonnances, confirmations, priviléges, lettres
de grâce, etc.

Ce tribunal est composé d'un président et d'un
nombre indéterminé de conseillers (*desembar-*

gadores). La chancellerie de l'empire (*chan-cellaria da corte*) , présidée par un chancelier, est subordonnée à ce tribunal.

La *casa da supplicaçao*, à Lisbonne , est le premier tribunal d'appel du royaume , tant pour le civil que pour les affaires criminelles. Sa juridiction ordinaire embrasse les provinces d'Estremadure , d'Alemtejo , d'Algarve et la comarca de Castellobranco dans le Beira. Quelquefois même certaines affaires civiles , pendantes au Relaçaò do Porto, y sont jugées définitivement. Il est composé de soixante membres , y compris le regedor , le chancelier et vingt surnuméraires. Cent vingt avoués sont assermentés à ce tribunal.

Le *relaçao do porto* est le second tribunal d'appel, sa juridiction s'étend sur les provinces d'Entre-Douro-e-Minho, de Traz-os-Montes et de Beira. En vertu d'une ordonnance de 1696 , toutes les affaires qui ne passent pas la valeur de 250,000 reis en immeubles , et de 300,000 en mobilier , sont du ressort de ce tribunal. Lorsqu'il s'agit d'une somme plus forte, on peut en appeler de sa décision à la Casa da Supplicaçao.

Finances.

Les sources des revenus publics, en Europe, sont :

1º Les grands biens héréditaires de la maison de Bragance.

2º Les domaines de la couronne.

3º Les péages, dont ceux qu'on perçoit à Lisbonne sont les plus considérables.

4º Les accises qui se lèvent sur la vente du bétail, sur le vin, la viande, le poisson, les fruits, le bois, le charbon, etc.

5º La dixme de la récolte des grains, celle des biens vendus (*almojarifasge*), les blés exceptés. Depuis 1790 on la prend aussi sur les objets de fabrique.

6º Une contribution payée par le clergé sous le nom de *decimas*, et les revenus des grand'maîtrises des ordres réunies à la couronne.

7º Le timbre.

8º Le produit des fabriques royales, dont plusieurs sont affermées à des compagnies d'entrepreneurs.

9º Le droit de monnayage dont le produit serait plus considérable si tout l'or du Brésil était effectivement converti en monnaie.

10º La vente des indulgences, privilége que le pape confirme tous les trois ans par la bulle de la croix (*bulla da cruzada*).

11º Le produit des loteries, dont depuis 1803 on tire une par an, qui donne 12 pour cent de bénéfice.

12° Les impôts établis sur les biens-fonds des bourgeois et des paysans, sur les biens des communes, sur les chevaux et mulets de selle, sur les bêtes de somme, les confiscations, etc.

On ne saurait déterminer au juste le *montant des revenus* de l'État, parce que le gouvernement n'a rien publié là-dessus. En 1706, ils doivent s'être montés, suivant Chatelet, à 28,000,000 de crusades; et il les estime, pour l'an 1777, à plus de 40,000,000.

Raynal ne les estime qu'à 15,628,150 crusades;

Dumourier en admet 23,333,000 à 26,666,000;

Murphy les porte à 24 — 32 millions de crusades.

Ranque trouve 26,816,600 crusades.

Les *dépenses* de l'État sont encore moins connues. Les ressources extraordinaires auxquelles on a eu recours, telles que dons gratuits du clergé, fabrication de papier-monnaie, distribution de billets de crédit, emprunts, etc.; ces tristes expédiens, dis-je, font voir que les rapports entre les revenus et la dépense s'étaient fortement dérangés.

La *dette* de l'État a été estimée, en 1754, à 23,^{52} millions de crusades. Vingt ans après, elle doit s'être élevée à 28 millions; mais depuis ce temps elle a prodigieusement augmenté. Pour régler et acquitter les intérêts et la dette, un

conseil particulier (*junta*) a été constitué en
1808 : en l'an 1801 , lors d'un nouvel emprunt de
douze millions de crusades , on a considérablement augmenté les péages et les impôts ,
même ceux frappés sur le clergé ; cependant rien
n'a transpiré de la création d'un fonds d'amortissement.

La *direction des revenus* de l'Etat est confiée
à un conseil des finances (*conselho da fazenda*),
qui depuis 1790 est réuni au trésor royal (*erario regio*). Celui-ci est chargé de toutes les *dépenses ;* il a sous lui cinq bureaux de comptabilité (*contadurias geraes*), suivant les différentes
affaires , et trois bureaux de paiement (*thesourias geraes*). Depuis 1761 , il existe des départemens particuliers pour l'administration des
biens héréditaires et des domaines, ainsi que pour
les revenus provenant de la bulle de croix , etc.

Forces de terre.

L'histoire nous apprend que les Portugais
furent jadis au rang des nations les plus belliqueuses et les plus braves ; mais leurs forces
de terre déchurent totalement, après la guerre
de succession , par la longue paix et par la négligence du gouvernement.

Au milieu du dernier siècle , elles ne s'éle-

vèrent qu'à 8 ou 10,000 hommes, qui man-
quaient d'habillemens et d'armes. Les officiers
surtout étaient dégradés, sans instruction, sans
intelligence, sans aucun sentiment d'honneur.

En 1762, le comte *Guillaume de Lippe*, dont
le souvenir est cher encore à toute la nation,
créa de nouveau l'armée, et la mit sur un bon
pied : elle était composée de trente-trois bataillons d'infanterie, formant 26,000 hommes,
et de vingt-six escadrons de cavalerie, faisant
environ 4,000 hommes. Après la paix, le comte
quitta trop tôt le service et le pays ; l'armée re-
tomba dans son ancien état de nullité, et le
gouvernement ne put ni ne voulut remédier au
mal.

Lorsque Pombal médita une guerre contre
l'Espagne, l'armée fut augmentée de nouveau
sans être beaucoup mieux organisée. Dans les
derniers temps on a eu recours à différens
moyens pour remettre l'armée dans un état respectable, et ces tentatives n'ont pas été absolument sans succès.

L'état de l'armée, dressé en 1803, portait :

24 régimens d'*infanterie*, dont chacun composé de 2 bataillons en 10 compagnies, et
estimés à 1,600 hommes, ci 38,400

8

12 régimens de *cavalerie*, chacun de
8 compagnies en 4 escadrons, faisant 460 hommes, ci 5,520

4 régimens d'*artillerie*, ci 4,800

2 compagnies d'*artillerie à cheval*, ci. 144

1 légion de *vélites* à pied et à cheval,
ci.. 1,323

1 corps d'*ingénieurs*, ci.. 128

9 compagnies indépend. (*comp. fixas*),
réunies en 3 brigades, et servant
comme *artilleurs de garnison*, ci.. 1,312

8 compagnies de gardes de la police
(*garda real da policia de Lisboa*),
à pied et à cheval, ci 800

Total des troupes régulières, ci. . 52,427

La *milice* (*auxiliarios*) consiste en
43 régimens, dénommés après les comarcas, chacun de 800 hommes, ci...33,600

En outre, il y a les *ordenanças*, ou la masse
armée, qui n'est ni enrégimentée ni exercée à
l'usage des armes, troupe parfaitement inutile,
et bien plutôt nuisible à cause des priviléges
dont elle jouit.

Le Portugal a plusieurs FORTERESSES, situées
la plupart sur des hauteurs.

Le véritable boulevard du pays est *Elvas*,
ville très-bien fortifiée et défendue par deux cita-

delles : l'une s'appelle *S. Lucia;* l'autre a été
élevée par le comte de Lippe, et s'appelle, d'a-
près lui, *o forte de nossa senhora de graça
de Lippe :* les connaisseurs regardent ce dernier
comme un chef - d'œuvre d'architecture militaire. L'Alemtejo renferme encore les places
d'*Estremos* et de *Campo - Mayor.* Les autres
places fortes, plus au nord, sont Miranda,
Guarda, Castello Branco, Chaves, Valença,
Caminha et Viana, qui sont généralement mal
entretenues et mal disposées.

Sur la côte, il y a une quantité de batteries
et de vieux forts en ruines; ceux aux embouchures des fleuves, et surtout à l'entrée du port
de Lisbonne, sont les plus respectables.

Les principaux *arsenaux* se trouvent à Elvas,
à Lisbonne et à Oporto.

Forces navales.

Le Portugal ne saurait se passer d'une force
navale pour défendre son commerce et les côtes
méridionales contre les pirates de l'Afrique.

Aux quinzième et seizième siècles, les Portugais étaient les premiers navigateurs et ils avaient
la plus grande force navale du monde : mais tout
a péri sous la domination des Espagnols. Ce qui

8.

fut rétabli ensuite, a dépéri de nouveau sous
Jean V.

Pombal fut le restaurateur de la marine, et
en 1766 il avait déjà construit et armé dix vaisseaux de ligne et deux frégates. Actuellement il
y a environ douze vaisseaux de 80 à 56 canons,
et quatorze frégates de 24 à 48 canons, outre
une quantité de petits bâtimens de guerre.

Le nombre des matelots requis pour que les
équipages soient complets, est estimé à 12,000
qu'on obtient la plupart par la presse. Les en-
rôlemens volontaires sont pour cinq ans. L'Algarve et les Açores en fournissent le plus grand
nombre. Parmi les officiers, dont le nombre est
bien au-dessus du complet, se trouvent beaucoup
d'Anglais.

Une brigade maritime de 5231 hommes porte
maintenant le nom de *Regimento de Lisboa*; il
y a de plus un régiment d'artilleurs.

La charpente de toute la flotte est faite d'ex-
cellens bois que le Brésil offre en abondance;
une partie y a été même construite; l'autre a été
lancée à Lisbonne où il y a de bons chantiers et
un bassin susceptible de recevoir des vaisseaux
de 74 canons. La construction en est bien en-
tendue, et les bâtimens portugais sont des voi-
liers supérieurs. Pour tous les autres matériaux,
le Portugal dépend des nations étrangères; puis-

qu'il ne produit ni le fer, ni le cuivre, ni les toiles, ni les cordages nécessaires à l'armement.

Le seul port de guerre en Europe est Lisbonne. Le Brésil en a plusieurs, et cinq vaisseaux de ligne y séjournent habituellement. Le principal arsenal est à Lisbonne, où se trouve aussi l'école royale de marine.

Le comte de Hoffmannsegg parle de l'état militaire actuel du Portugal en ces termes :

« Des soldats pleins de zèle, qui manquent des premiers besoins de la vie ; des officiers indigens, méprisés, auxquels personne n'a confiance; des officiers étrangers que l'on hait comme des aventuriers, et qui se vengent de cette haine par une haine plus forte encore : voilà l'esquisse des forces de terre et de mer. »

État des sciences, etc.

Les tableaux faits par les auteurs dans lesquels Busching puisa, encore en 1788, ses plaintes sur le manque absolu de lumières et d'instruction dans le Portugal, ne cadrent plus entièrement avec le temps actuel. A la vérité, les sciences et la littérature sont bien déchues de cet état brillant où elles se trouvaient au seizième siècle ; néanmoins leur goût s'étend de plus en plus ; elles sont encouragées, et les institutions publiques établies pour leur avancement, commencent à prospérer. La botanique, la minéralogie, les mathématiques, la chimie, et surtout l'économie sont enseignées dans de bons écrits; d'autres ont pour objet le droit public, l'histoire du pays et l'amélioration de la langue portugaise; différens auteurs étrangers, et quelques classiques romains sont traduits, et d'anciens ouvrages portugais se réimpriment. C'est souvent le gouvernement lui-même qui fournit les frais de ces sortes d'entreprises littéraires.

L'Université de Coimbra est la seule qu'il y ait dans le pays (1). Elle est bien dotée, et elle jouit de priviléges importans. On estime ses revenus annuels à 70,000 crusades. Il y a encore des Séminaires de Théologie aux cathédrales de Lisbonne, de Evora, etc., ainsi qu'à Mafra et à Santarem.

_____

(1) Il y a six facultés : 1° celle de théologie qui est enseignée par huit professeurs et trois adjoints; 2° celle de droit canon, de droit naturel et de l'histoire ecclésiastique, qui a neuf professeurs avec sept adjoints; 3° celle de droit, avec huit professeurs et six adjoints, auxquels on a ajouté un professeur de diplomatie avec ses adjoints; 4° la faculté médico-chirurgicale, avec six professeurs, trois adjoints et deux aides d'anatomie; 5° la faculté des mathématiques, avec six professeurs, trois adjoints et quatre aides à l'observatoire; 6° la faculté de

La capitale possède, dans chacun de ses quatre quartiers, une Ecole Royale des langues classiques et des sciences d'utilité générale. Un des
meilleurs établissemens est sans doute le Collége
royal des Nobles, fondé en 1761 à Lisbonne, et
dont les bâtimens renferment aussi, depuis 1779,
l'Académie royale de la Marine. L'Académie des
Aspirans de la marine subsiste depuis 1782. L'E-
cole de Commerce, créée par Pombal, a toujours été l'objet des sollicitudes du gouvernement. Une Ecole de Commerce et de Navigation,
établie à Oporto sous l'inspection de la compagnie du Haut-Douro, a ouvert ses cours en
1803. Toutes ces institutions sont très-fréquen-
tées, sauf le collége des nobles.

Plusieurs Sociétés Savantes sont redevables de
leur établissement à la protection du gouverne-

___

philosophie, avec cinq professeurs d'histoire naturelle,
de physique expérimentale, de chimie, de métallurgie
et d'agriculture, auxquels on a donné deux adjoints et
cinq aides de travail.

Cette université, dont l'évêque de Coimbra est le
recteur, a encore l'inspection du collége royal des arts,
où treize professeurs montrent les langues anciennes, la
rhétorique, l'histoire et les antiquités, avec la logique et
la morale. Le même évêque est président du directoire
général des écoles, établi depuis 1799, à Coimbra.

ment. L'Académie Royale des Sciences, fondée
en 1779, a, dans ses Mémoires, répandu des connaissances utiles sur les mathématiques, sur les
sciences naturelles et économiques, sur l'histoire et la langue du pays; et elle a fait naître
une noble émulation parmi ses concitoyens en
proposant des prix et en publiant des Collections
de Mémoires couronnés, chose d'autant plus
méritoire que les libraires portugais ne sont guère
entreprenans.

Une Société Royale maritime, militaire et géographique n'a pas moins montré d'activité et de
zèle dans ses opérations entreprises pour me-
surer toutes les provinces du royaume, afin de
construire des cartes topographiques et mari-
times. Elle distribue également tous les ans des
prix considérables.

Les grandes Bibliothèques ouvertes aux gens
studieux sont assez nombreuses. Outre la bibliothèque royale, il y a plusieurs bibliothèques des
couvens, surtout à Lisbonne, et la bibliothèque
de l'université de Coimbra. On a aussi établi
des cabinets d'histoire naturelle, de médailles,
un musée des arts, etc. L'observatoire de Coimbra est célèbre; il y a de plus un observatoire
royal avec deux autres dans la capitale.

Sans compter l'imprimerie royale et celle de
l'académie des sciences, il y en a différentes dans

la capitale, à Coimbra et à Oporto. Mais avec
tout cela, le gros de la nation lit peu, et l'a-
mour de l'instruction est très-borné. Les journaux littéraires et ouvrages périodiques manquent totalement ; à peine un seul journal
politique et un journal du commerce ont-ils
pu se soutenir.

L'architecture et même la musique excep-
tées, les Portugais n'ont fait aucun progrès dans
les beaux-arts. La peinture et la gravure trouvent peu d'encouragement; cependant une école
royale a été établie en 1781 à Lisbonne.

L'état sommaire des productions intellectuelles
fera mieux juger, que tous les raisonnemens, de
l'activité scientifique et littéraire des Portugais.

Depuis le commencement de l'ère chrétienne jusqu'en
1759, où l'abbé D. B. Machado publia sa Bibliothèque
Lusitane (1), le Portugal, avec toutes ses dépendances,
a produit cinq mille cinq cent quatre-vingt-douze auteurs. Il
en revient à l'Afrique vingt-huit, à l'Asie quarante-cinq,
à l'Amérique quatre-vingt-onze, et soixante-cinq aux
îles. Un cortége imposant se présente d'abord : on y
compte trente-cinq personnages sérénissimes, savoir treize
rois et six princesses, accompagnés par des infants,
des princes du sang et des fils naturels de la famille
royale; de plus, soixante-cinq ducs, marquezes, comtes
et vicomtes, quarante-un ambassadeurs, vingt-six vice-
rois, gouverneurs de provinces, et généraux. Mais la
plus grande moitié de la suite se compose de moines,

_____

(1) Bibliotheca Lusitana historico-critica e chronologica. Lisboa,
1741-1759, 4 vol. in-fol.

dont cinq cent quarante - six de l'ordre de Saint-
François, et quarante-une nones : les Jésuites en ont
fourni quatre cent quatre-vingt-deux, les Cisterliens,
cent quatre-vingt-treize, et les Augustins cent soixante-
seize. Les ordres des Capucins et des Chartreux ne présentent chacun qu'un seul auteur. Parmi les productions
de ce chartreux se trouve un ouvrage sur la quadrature
du cercle. Le nombre total des moines et nones qui
ont écrit dans cette période se monte à deux mille trois
cent quatre-vingt-un, dont cinquante-huit nones. Ajou-
tons-y deux cent quatre-vingt-deux chevaliers des trois
Ordres qui existaient dans le Portugal, et six chevaliers
de Malte.

Parmi ces auteurs, quatre cents ont écrit quatre cent
quinze ouvrages sur la Bible ; cent vingt-sept auteurs
cent quarante-cinq ouvrages sur la théologie positive ;
cent quatre-vingt-onze auteurs, deux cent quarante-
quatre ouvrages sur la théologie scholastique ; cent
soixante-deux auteurs, deux cent douze ouvrages sur la
théologie morale ; neuf cent deux auteurs, neuf cent
quatre-vingt-un ouvrages sur la théologie paranétique
(homélies, sermons, etc.) ; deux cent soixante-quinze
auteurs, trois cent trente-six ouvrages sur la théologie
cathéchétique (doctrine chrétienne, messe, missel, bré-
viaire, rites) ; cent trente-trois auteurs, deux cent dix-
neuf ouvrages sur la théologie ascétique; deux cent trente-
neuf auteurs, trois cent seize ouvrages sur la théologie
mystique; dix auteurs, douze ouvrages sur les Pères de
l'église ; soixante-dix-neuf auteurs, quatre-vingt-douze
ouvrages sur la polémique (principalement contre les
Juifs); quarante-neuf auteurs, cinquante-deux ouvrages
sur la vie et sur la passion de Jésus-Christ ; cent quatre-
vingt-huit auteurs, deux cent trente-cinq ouvrages sur
les vies des saints et des saintes ; deux cent quarante-
huit auteurs, deux cent quatre-vingt-dix-sept ouvrages
sur la vie de la Sainte-Vierge mère de Dieu. Parmi
ces derniers il y a un *Poema epicum de conceptione
Beatæ Mariæ Coimbricæ*, en dix-neuf cent quatre-vingt-
onze vers, par *Manoel de Oliveira Ferreira*.

Sur le droit canon, cent dix-sept auteurs ont produit
cent quatre-vingt-dix-neuf ouvrages; sur le droit civil,
criminel, politique, etc., soixante-sept auteurs, soixante-

neuf ouvrages ; sur la philosophie, cent neuf auteurs, cent seize ouvrages; sur la physique, trente-sept auteurs, quarante-neuf ouvrages ; sur la morale et la politique, cent soixante-trois auteurs, cent quatre-vingt-dix-huit ouvrages (dont la plus grande partie sur la politique); sur la médecine, deux cent six auteurs, trois cent soixante-trois ouvrages (de préférence sur la peste); sur la chirurgie, quarante-quatre auteurs, soixante-neuf ouvrages; sur les mathématiques, onze auteurs, quatorze ouvrages; sur l'arithmétique, vingt-six auteurs, vingt-six ouvrages; sur la géométrie et l'arpentage, douze auteurs, dix-huit ouvrages; sur la musique, cent vingt-sept auteurs, cent quatre-vingt-dix-sept ouvrages (qui la plupart contiennent des compositions pour les églises.) ; sur l'astronomie et l'astrologie, quatre vingt-trois auteurs, cent huit ouvrages ; sur la cosmographie, la géographie et la chorographie, soixante-dix-huit auteurs, quatre-vingt-treize ouvrages ; sur la navigation, quarante-six auteurs, cinquante-trois ouvrages ; sur l'art militaire, soixante-treize auteurs, quatre-vingt-treize ouvrages ; sur l'architecture, trois auteurs, quatre ouvrages ; sur la peinture, cinq auteurs, cinq ouvrages; sur l'équitation, quinze auteurs, quinze ouvrages; sur la médecine, l'art vétérinaire, dix auteurs, dix ouvrages; sur la science héraldique, vingt-trois auteurs, vingt-neuf ouvrages; sur les langues des autres parties du monde, trente-quatre auteurs, quarante-neuf ouvrages; en traductions de différentes langues, trois cent trente-cinq auteurs, quatre cent dix-neuf ouvrages; sur la grammaire, cent un auteurs, cent vingt-quatre ouvrages; sur l'orthographe, vingt-neuf auteurs, trente ouvrages ; en dictionnaires et prosodies, soixante-dix auteurs, soixante-seize ouvrages; sur la rhétorique et l'éloquence, trois cent trente-un auteurs, quatre cent seize ouvrages (la plupart des oraisons funèbres et discours de circonstances); dans le genre épistolaire, trois cent quatre-vingt-un auteurs, quatre cent cinquante-deux ouvrages (presque tous renfermant de simples lettres); sur les médailles, inscriptions et devises, soixante-dix-huit auteurs, quatre-vingt-trois ouvrages; sur l'histoire ecclésiastique, cinq cent soixante-neuf auteurs, dont vingt-une nones, huit cent huit ouvrages (roulant la plupart sur les fondations des couvens. Le P. Manoel Monteiro écrivit sur les plaisirs et les peines que Jésus crucifié avait éprouvés dans le Portugal, et Comaro discuta la question de savoir : pourquoi les lions et les autres bêtes féroces, mais non le fer et le glaive, avaient épargné les saints martyrs ?)

Il existe onze cent trente-sept ouvrages sur l'histoire politique, de sept cent quatre-vingt-quinze auteurs (l'histoire du roi Sébastien occupe, à proportion, le plus de place. Encore, en 1740, Manoel de Oliveira rompit une lance avec les Sébastianites qui sont dans la ferme persuasion que le roi Sébastien n'était pas mort, mais que, pour ses péchés, Dieu l'avait condamné à faire pénitence incognito pendant un certain laps de temps. Ils espèrent qu'un jour il sera réintégré miraculeusement dans son empire, et qu'alors il l'élevera au faîte de la gloire et de la puissance). Sur la généalogie, trois cent quatre-vingt-six auteurs ont rempli quatre cent huit ouvrages, qui renferment une quantité infinie d'arbres généalogiques de la noblesse du pays.

En fait de romans, soixante-sept auteurs ont enrichi la littérature de soixante-quatorze ouvrages, que remplissent principalement des récits chevaleresques et des nouvelles. Sur l'art poétique, vingt-quatre auteurs ont consigné le fruit de leurs méditations dans trente-trois ouvrages ; deux cent soixante-six poëtes ont composé trois cent quatre-vingt-dix-neuf poëmes latins ; sept cent douze ont chanté en langue portugaise ou espagnole ; cent soixante-trois auteurs dramatiques ont fait cent quatre-vingt-dix pièces de théâtre, vingt-huit ont donné de la prose mêlée à des vers ; etc.

Toute cette richesse littéraire, compulsée et bien comptée, présente douze mille quatre cent trente-cinq ouvrages, brochures, feuilles et feuilletons. Au surplus, une grande partie de ce fatras consiste en manuscrits qui se tiennent humblement cachés sous la poussière des bibliothèques.

FIN.

TABLE DES MATIÈRES.

STATISTIQUE DU PORTUGAL.

FIN DE LA TABLE.

DE L'IMPRIMERIE DE Mᶜ Vᵉ JEUNEHOMME,
RUE HAUTEFEUILLE , n° 20.

www.ingramcontent.com/pod-product-compliance
Lightning Source LLC
Chambersburg PA
CBHW071811090426
42737CB00012B/2038